蔡慧珍 编著

孕40周

胎教同步方案

新世界出版社
NEW WORLD PRESS

图书在版编目（CIP）数据

孕40周胎教同步方案 / 蔡慧珍编著. -- 北京 : 新世界出版社, 2011.12

ISBN 978-7-5104-2421-2

Ⅰ. ①孕… Ⅱ. ①蔡… Ⅲ. ①胎教－基本知识 Ⅳ. ①G61

中国版本图书馆CIP数据核字(2011)第249605号

孕40周胎教同步方案

作　　者：蔡慧珍
责任编辑：张建平
责任印制：李一鸣　黄厚清
出版发行：新世界出版社
社　　址：北京西城区百万庄大街24号（100037）
发 行 部：（010）6899 5968　　（010）6899 8733（传真）
总 编 室：（010）6899 5424　　（010）6832 6679（传真）
http: //www.nwp.cn
http: //www.newworld-press.com
版 权 部：+8610 6899 6306
版权部电子信箱：frank@nwp.com.cn
印　　刷：北京振兴源彩印有限公司
经　　销：新华书店
开　　本：889×1194　　1/24
字　　数：230千字　　印张：8.5
版　　次：2012年1月第1版　　2012年1月第1次印刷
书　　号：978-7-5104-2421-2
定　　价：29.80元

FOREWORD 前言

孕育生子，是女人一生中最重要、也是最难忘的一段历程，而生一个健康又聪明的宝宝则是每一个想要做妈妈的女人的梦想。那么，怎样才能拥有一个健康、聪明又漂亮的宝宝呢？其实，只要准妈妈做好这孕期40周的胎教工作，让宝宝一出生就赢在起跑线上并不难。

胎宝宝是上天赐予准妈妈一份最最珍贵的礼物，他的到来，不仅会带给准妈妈惊喜与幸福感，也会让准妈妈见证生命的神奇。我国“早教之父”冯德全教授曾经用这样一段话来表述胎宝宝的神奇：“人们千万不要瞧不起胎宝宝，他远不是妈妈肚子里的一团肉疙瘩，而是宇宙间最具生命力的精灵。他从精卵细胞结合时的单细胞——一个肉眼完全看不见的生命微粒，仅仅9个多月的时间，就成长为迄今已知的宇宙间最高级的生命，这难道不够惊人吗？9个多月就走完了自然界从单细胞进化至人的38.6亿年的历程，这是何等伟大的事情！”

胎宝宝的神奇，还在于他拥有惊人的能力。虽然还只是在胚胎时期，但胎宝宝的大脑已经形成了。他在妈妈肚子里所听到的、感觉到的事情，都会深深地铭记在他的脑子里。

所以，当准妈妈得知自己受孕的那一刻起，胎教就要开始了。在这美丽动人的40周历程中，准妈妈可以将自己听到的、看到的、想到的事情，通过适宜的胎教方式传递给胎宝宝，对胎宝宝进行合理的良性刺激，将蕴藏在胎宝宝内部的潜在能力激发出来。这样宝宝便会在出生时就具有某种素养，这种素养会让宝宝很快学会各种本领，从而比其他宝宝更聪明、机智。

对胎宝宝实施胎教是每一位准妈妈不容忽视的大事，也是使宝宝跑赢人生第一步的坚实基础。准妈妈，你可一定要在这孕期40周里对胎宝宝实施最优秀的胎教方案啊！这是影响宝宝一生并改变宝宝人生的重大举措，准妈妈一定要精心对待，让宝宝赢在人生的起跑线上。

蔡慧珍

2011年12月

目录

CONTENTS

PART1 孕1月 不知不觉小宝贝到来

PART2 孕2月 胎宝宝安营扎寨了

孕 5 周 胎宝宝的小心脏开始跳动

孕 6 周 胎宝宝的头部形成了

孕 7 周 胎宝宝的五官开始发育

孕 8 周 胎宝宝开始四处游动

PART3 孕 3 月 顺利度过危险期

孕 9 周 胎宝宝初具人形了

孕 10 周 看不出是男孩女孩

孕 11 周 胎宝宝进入发育关键期

孕 12 周 胎宝宝有表情了

PART4 孕4月 享受做母亲的快乐

孕13周 胎宝宝可以聆听声音了

孕14周 胎宝宝开始活动了

孕15周 胎宝宝能听到妈妈的心跳

孕16周 胎宝宝已经分出性别啦

PART5 孕5月 那是宝宝在舞蹈

孕17周 胎宝宝开始胎动了

孕18周 胎宝宝进入活跃期

孕19周 胎宝宝的肠胃开始工作

孕20周 胎宝宝已经认识妈妈的声音

PART6 孕6月 终于变成大肚婆

孕21周 胎宝宝的味蕾形成了

孕22周 胎宝宝的大脑快速成长

孕23周 胎宝宝已经有模有样了

孕24周 胎宝宝开始吞吐羊水

PART7 孕 7 月 你的情感他知道

PART8 孕8月 宝宝快速成长进行时

孕29周 胎宝宝的活动范围变小了

孕30周 胎宝宝的性征明显了

孕31周 胎宝宝的眼睛变化明显

孕32周 胎宝宝的指甲长全了

PART9 孕9月 分娩倒计时

PART10 孕 10 月 胜利就在眼前

孕 37 周 胎宝宝已经足月了

孕 38 周 胎宝宝像个新生儿了

孕 39 周 胎宝宝已经没有胎毛了

孕 40 周 小天使即将降临人间

PART1 孕 1 月

不知不觉小宝贝到来

每个月，都会有一个成熟的卵子向子宫进发，如果它遇到了精子，就会结合成受精卵，受精卵迁移到子宫，这样怀孕历程就开始了。

孕1周

为孕育宝宝开始做准备

胎宝宝的发育细节

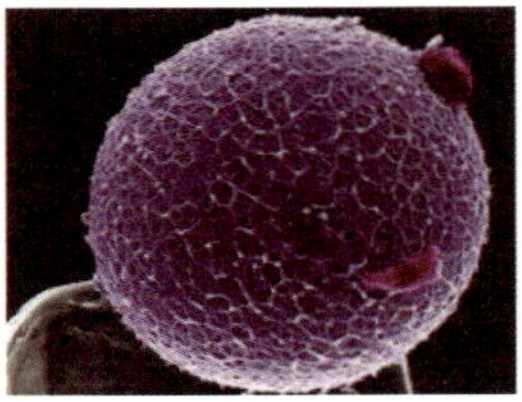

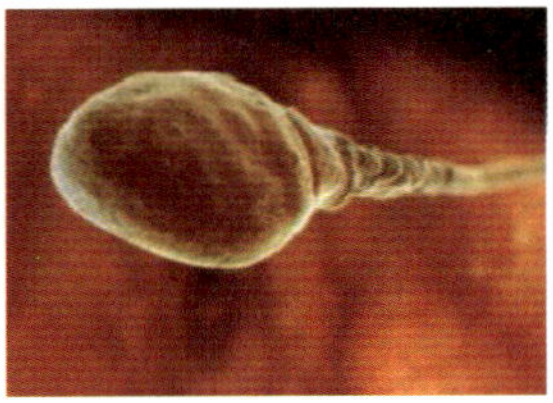

现在,胎宝宝还没影儿呢! 由于预产期的推算是从准妈妈末次月经的第一天算起,因此孕期的前2周实际上是受孕前期。这段时期,胎宝宝还只能以精子和卵子的“前体”状态,分别存在于爸爸和妈妈的体内。精子和卵子的质量,与爸爸妈妈的身体状况息息相关。

准妈妈的身体变化

孕1周时,准妈妈还没有怀孕呢! 孕1周正是准妈妈末次月经进行的时候,说明卵巢上个月排出的卵子没有受精,自行衰退了,引起子宫内膜脱落流血。随着子宫内膜脱落,在激素作用下,卵巢又开始准备释放另一个卵子。也就是说,孕1周时准妈妈还处于月经期。

本周胎教要点

生命自孕育之初,就具有感知能力,母体的健康、情绪、饮食等等都包含着胎教的意义。本周,准妈妈要为胎宝宝的到来做好准备,给胎宝宝提供一个优良的母体环境和周边环境。在孕1周,准妈妈不仅要保证充足的营养摄入,更要有良好的心态,多学习一些环境安全知识,优化自己身体和周边的环境,以便安心养胎。

想要宝宝，你做好准备了吗

年轻的夫妻决定要一个宝宝，这无疑是一生中最重要的决定之一。宝宝的到来，对夫妻双方都是一项重大考验，准爸妈不仅要在物质上做好充分的准备，更要在心理上生活方式上做好准备。

1. 掌握孕育知识。要学习和掌握一些关于女性妊娠、分娩和胎儿在宫内生长发育的孕育知识，了解如何才能怀孕及妊娠过程中出现的某些生理现象，如早期的怀孕反应，中期的胎动、晚期的妊娠水肿、腰腿痛等。

2. 树立生男生女都一样的观念。儿女都是父母精神与血脉的传承人，任何生命都有它独一无二的价值。

3. 保持乐观稳定的情绪状态。在怀孕的过程中，准妈妈要尽量放松自己的心态，及时调整和转移不良情绪，如夫妻经常谈心，给胎儿唱唱歌、共同欣赏音乐，必要时还可找心理医生咨询，进行心理治疗。

4. 生活规律、饮食科学，保持良好的生活方式。妊娠期要注意适当休息，除保证晚上有充足睡眠外，白天也要有一定时间的短暂休息，特别是午休很重要的。妊娠期饮食要清淡而又富有营养，增加蛋白质、维生素及矿物质（如钙、磷、铁、锌）等营养物，保证膳食营养更合理。夫妻俩要戒烟戒酒。

5. 要做好怀孕以后出现妊娠反应的心理准备。妊娠反应就像是一场考验，经历过后的女性一定能得到身心的成长。

6. 心理上要重视产前检查，接受医生指导。产前检查有利于对妊娠情况的循序掌握，发现新的问题可及时得到解决，这是优生的关键。

准妈妈要为胎教做准备

准妈妈在怀孕早期就要为胎教做准备。具体的准备内容有：

1. 制订好胎教计划。一份好的胎教计划应包括胎教方法、安排胎教时间、准备胎教教材、记录胎教日记等几个方面。

2. 掌握好胎教方法。目前随着胎教学的深入研究，出现了各种各样对胎宝宝进行训练的项目，如听力训练、运动训练、记忆训练、语言训练、呼唤训练、做操训练、游戏训练等，并由此而延伸出各种胎教方法。

3. 记好胎教日记。胎教日记的内容包括准妈妈孕期的生理、心理变化，饮食起居及保健情况，胎教的实施及胎宝宝的发育状况等。

4. 准备好胎教工具。胎教工具主要有手电筒、光盘、播放机、胎教传声器等。

5. 准备好胎教教材。胎教资料主要包括音乐、有声教材、可供朗读的故事、可供阅读的作品及欣赏的画作等几大种类。

制定适宜的胎教计划

一个好的胎教计划也可使宝宝更健康、聪明。在孕期，准爸爸和准妈妈要根据自身健康情况和工作特点，制定适宜的胎教计划并加以实施，有计划、有目标地调整生活习惯、饮食习惯、运动习惯等，使胎宝宝得到更科学、更系统的胎教。

以下是按照月份来进行胎教的计划表，准妈妈可以参考。

准怀孕～1月	1. 经常散步，听舒缓的乐曲，调节早孕，避免繁重劳动和不良环境。 2. 丈夫应体贴照顾妻子，主动承担家务，常陪妻子消遣，做到不过量饮酒，不在妻子面前抽烟，节制性生活。
1～2月	1. 散步、听音乐、做准妈妈体操，避免剧烈运动。 2. 美化净化环境，排除噪音，情绪稳定。
2～3月	1. 做胎宝宝体操。 2. 多听欢快的音乐或儿歌。
3～4月	1. 准爸爸可将报纸卷成筒状，与胎宝宝轻声说话或念一些诗文。 2. 多看些幽默的书籍，以活跃家庭气氛，增进夫妻情趣。 3. 听轻快的音乐。
4～5月	1. 每天早晚与胎宝宝打招呼。 2. 给胎宝宝讲故事，听音乐。
5～6月	1. 帮助胎宝宝运动。 2. 给胎宝宝讲故事、念诗、唱歌、哼曲等；每次开始前，叫胎宝宝的乳名。
6～7月	1. 帮助胎宝宝运动，给胎宝宝讲解画册中的色彩及动物形象。 2. 准爸爸应多陪妻子散步、做操，以松弛压力、增加愉快心情。 3. 多听胎教音乐。
7～8月	1. 与宝宝沟通，随时告诉宝宝一些身边的趣事，并告诉宝宝“你快要出生了”。 2. 给胎宝宝听音乐要养成好习惯。
8～9月	1. 帮助胎宝宝运动，和胎宝宝一起欣赏音乐，胎教时间较前几个月可适当延长。
9月～分娩	1. 适当了解一些分娩知识，消除害怕的心理，保持愉快的心态。 2. 要养精蓄锐，避免劳累；早晚仰卧。 3. 听舒缓的音乐，缓解紧张心理。

孕1周营养小贴士

准妈妈在孕前或怀孕初期摄入的营养要丰富全面，保证每天的饮食结构合理，配餐中要尽量包括主食（米、面或其他杂粮）；有色蔬菜（红、黄、绿色）与水果；鱼、肉、禽、蛋、奶及豆制品；食用油；调味品；坚果类食品等。这样才能均衡膳食，保证营养。

每天清晨，准妈妈可空腹喝一杯新鲜的白开水或矿泉水，可以起到洗涤体内器官的作用，而且对改善器官功能、防治一些疾病都有很大好处。

美味拼盘：果蔬沙拉

材料：

百合2个，芒果1个，黄瓜1根，紫甘蓝1/4个，色拉酱、原味番茄酱各适量。

做法：

1. 百合剥去外层的枯瓣，洗净；芒果去皮、去核，切成2厘米见方的小块；黄瓜去皮，切成与芒果同等大小的块；紫甘蓝撕成圆片状；
2. 将加工好的所有材料混合，装入密封盒中，放冰箱冷藏30分钟；
3. 取一小碗，将适量的色拉酱与番茄酱倒入混合的果蔬中，充分拌匀。

孕1周重要提示：远离电磁污染

电磁污染对胎宝宝的影响很大。如果胎宝宝在胚胎形成期受到电磁辐射，有可能导致流产；如果是在器官形成期，正在发育的器官可能产生畸形。即使在胎宝宝的发育期，若受到辐射，也可能损伤中枢神经系统，导致婴儿智力低下。

所以准妈妈要在孕前就暂时离开电脑、电视等视屏岗位，最好能在怀孕的头3个月，即胎宝宝器官形成期暂离此类工作环境；仍在这一工作岗位的，必须穿着特殊防护服装，也要与显示器保持适当的距离。准妈妈们还要提防家用电器的辐射，尤其是微波炉和电磁炉的辐射。为了将来宝宝的健康，请准妈妈远离电磁污染。

孕2周

卵子与精子相遇

胎宝宝的发育细节

卵子在输卵管中的寿命为12～36个小时，在这期间，差不多有3亿个精子努力要成为那个找到并进入卵子的幸运儿。实际上，能到达卵子的精子大约只有几百个，而最终只有一个精子能冲破重重障碍，与卵子一起，形成受精卵。生命的历程，由此开始。

准妈妈的身体变化

孕2周时，准妈妈的月经已经结束，或者到了尾声。准妈妈体内的20个左右的卵子经过自然选择，只有一个携带着准妈妈基因信息的卵子胜出，它正在由输卵管中向子宫进发，并且期待着与精子的相遇。一般来说，月经后第13～20天就是怀孕的最佳时期，即孕2周末或者孕3周初，准妈妈可要好好准备，把握好这个大好时机啊！

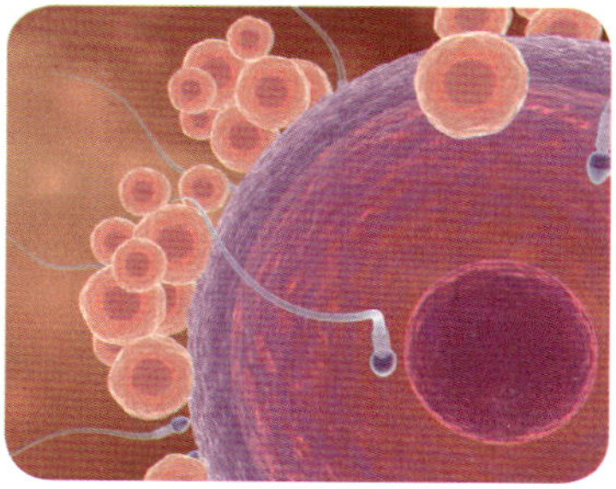

本周胎教要点

本周末，准妈妈的排卵期就会开始，准妈妈现在要精心为最佳受孕时间和环境做准备了！在本周末或下周初，胎宝宝可能就会“落户”到妈妈肚子里了。所以，准妈妈与准爸爸要有意识地调适双方的心态，保持平和愉悦，不大悲大怒。因为，夫妻感情稳定、恩爱是对孕育初期的胎宝宝最好的胎教和保护。准爸妈可以一起设想宝宝来临后的各种美好情景，把心中对宝宝的憧憬和渴望当作最初的胎教。在本周，准妈妈要记得多去一些环境优美的地方散步，也要准备好写胎教日记。

写胎教日记，送给未来宝宝一份见面礼

从怀孕的第一天开始，准妈妈就要准备一本胎教日记，以记录胎宝宝一点一滴的成长历程。对于这段怀孕的日子，以后在每一个日子里重新忆起，都会别有一番滋味在心头。日子流走不会重来，但是回忆却可以变得越久越美好！

在写日记时，准妈妈应该从心里跟胎宝宝进行对话。除了文字内容以外，准妈妈还可以把B超检查的照片贴在日记本里。也可以不定期地让准爸爸给你拍一些照片，贴在日记里面，今后也一定会成为美好的回忆。在宝宝出生以后，妈妈可以把这本日记当作礼物送给宝宝，一定会比千言万语更能传达自己心中的深厚爱意。

在十个月的孕期中，准妈妈的身心感受、胎宝宝的成长状况每天都会发生变化。一本好的胎教日记应该涵盖怀孕期间准妈妈和胎宝宝的所有身体变化：在刚刚得知怀孕消息的日子、第一次感觉胎动的日子、在B超检查时看到宝宝模样的日子、听到宝宝心脏跳动的日子等这些特殊的日子里，准妈妈可以把自己的喜悦和神秘感一一记录下来，还可以把在胎教过程中读过的诗句或播放的音乐、自己和丈夫之间的深厚感情以及对宝宝的无限期待全部作为日记的内容。

运动胎教：到空气清新的地方散散步吧

在怀孕早期，准妈妈要多接触大自然，因为大自然中清新的空气对准妈妈的健康有极大的益处。准妈妈在早上起床之后，到有树林或者草地的地方去做操或散步，呼吸那里的清新空气，不仅有益健康，而且树林中有较大面积草坪的地方，尘土和噪声都比较少。在职场工作的准妈妈，除早晨外，在工作休息时也应到树木、草坪或喷水池边走走。晚上最好能开小窗睡眠。若天太冷可关窗，但应在起床后，打开所有的窗户换空气。

假日里准妈妈可以和亲朋好友一起去郊外游玩，这也是一种呼吸新鲜空气的好方式。在准妈妈欣赏秀丽的大自然景色的同时，未出世的胎宝宝也会受益匪浅。含氧丰富的血液使胎宝宝像喝足水的庄稼一样快活成长。有时还会在母腹中手舞足蹈，以表示感激之情呢。

总之，为了孩子，为了下一代的聪明、活泼和可爱，准妈妈一定要多到大自然中去，在大自然中陶冶母子的性情。

准爸爸也是胎教主角

在经历了从男孩到丈夫、再到父亲的变化后，准爸爸会感到肩上的责任越来越大，如何才能做一个称职的准爸爸，积极主动地参与到胎教中来，陪伴准妈妈一起安然愉快地度过孕期呢？

胎教不是准妈妈一个人的事，准爸爸也要参与进来。准爸爸可以首先阅读一些孕期胎教书籍，掌握胎教知识，然后再在生活中具体进行实施。例如准爸爸可以每天定时与胎宝宝沟通，和胎宝宝说说话等。但在孕早期，准爸爸参与到胎教中的最重要方式，就是让准妈妈的心情愉悦。

准爸爸可以每天睡前给准妈妈做一些放松的按摩，像揉揉后背、揉揉肩，按摩一下腿和脚等，不要在意手法是否专业，只要让准妈妈感觉舒服就好。也可尽量多陪妻子做一些开心的事：例如一起读有关胎宝宝的书籍、欣赏优美的音乐、重温恋爱时的美好情景等，以此增进夫妻之间的感情，使妻子心里充满爱意和甜蜜。

另外，准妈妈在孕早期常出现胃肠不适、恶心、呕吐、择食、头晕、乏力、嗜睡等早孕反应，这容易使准妈妈产生惊恐、烦躁、疲劳等生理、心理压力。由于心理和生理的改变，准妈妈常易发脾气。对准爸爸来说，先要做到自我克制，多陪准妈妈散步、聊天、沟通与开导是丈夫为爱妻消除烦躁的一剂心理良药。

音乐胎教：金蛇狂舞

这周，可能有的准妈妈已经怀孕了，只是自己还不知道。这个时期无论受孕与否，准妈妈都要保持快乐、愉悦的情绪，只有这样未来的胎宝宝才能够得以健康快乐地成长。这首管弦乐曲《金蛇狂舞》旋律明快、流畅，能够让准妈妈的精神愉悦，心情乐观向上。

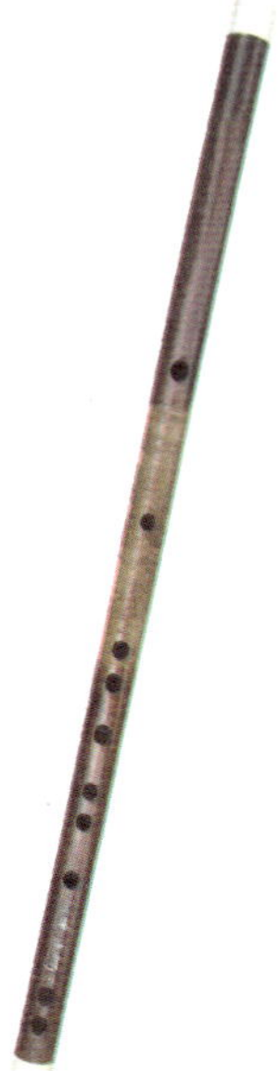

赏析

《金蛇狂舞》是1934年聂耳根据江南丝竹乐曲《倒八板》整理改编的民乐合奏曲。

这首曲子表现了我国传统民间节日人们舞动巨龙、锣鼓喧天的欢乐场面。曲子短小精悍、欢快流畅，锣鼓与丝竹乐队的唱和渲染了热烈欢腾的气氛。其活泼生动的表现和铿锵有力的旋律能振奋准妈妈的精神，使准妈妈对孕育、对生活充满信心。

孕2周营养小贴士

准妈要科学地摄取各种营养素：优质蛋白质是宝宝生命的基础物质；脂肪是宝宝大脑发育的必需营养；碳水化合物是热能站；维生素是生命中不可缺少的营养素；要多吃新鲜水果，多吃富含叶酸的食品，例如樱桃、桃子、山楂等。叶酸是B族维生素的一种，它的缺乏已被证实与胎宝宝的神经管畸形有着密切的关系。叶酸补充的最佳时间应该从准备怀孕前3个月至整个孕早期。

营养可口的美食：上汤菠菜

材料：

菠菜适量，皮蛋2个，咸蛋1个，蒜1瓣，瘦肉适量。

做法：

1. 菠菜洗净，葱、姜洗净均切成丝，大蒜去皮洗净剁成蒜蓉；
2. 锅中加水，将菠菜汆水，捞出装盘；
3. 锅中加上汤，加配料和调味料，烧开，倒在菠菜上即可。

孕2周重要提示：切勿酒后受孕

酒的主要成分酒精进入体内，会引起人体的染色体畸变和基因突变。如果酒后受孕，就会使胎宝宝的发育受到很大影响。酒后受孕生出的孩子往往出现智力发育不良、细微动作发展障碍以及各种各样的畸形，如小眼睛、兔唇、短腿、先天性心脏病等。因此，准妈妈在孕前就要注意不要饮酒，并劝阻准爸爸不要饮酒。

孕3周

受精卵在最佳地点着床

胎宝宝的发育细节

受精卵在输卵管中行进4天后到达子宫腔，然后在子宫腔内停留3天左右，等子宫内膜准备好了，便在那里找个合适的地方“安营扎寨”，这就叫做着床。

受精卵着床后，胚泡更深地植入子宫壁，并且羊膜囊也开始形成，在以后将形成胎盘的位置形成大量的血管网，血管网中有丰富的母体血液。

准妈妈的身体变化

孕2周末到孕3周初，如果机缘合适，准妈妈就会怀孕了。接下来，准妈妈自身可能还没有什么感觉，但在准妈妈的身体内却在进行着一场变革。从现在开始，准妈妈的生命中就会增加一份责任，和丈夫的二人世界也会告一段落，你的宝宝将与你同欢乐，你的母爱天性将会发挥得淋漓尽致。

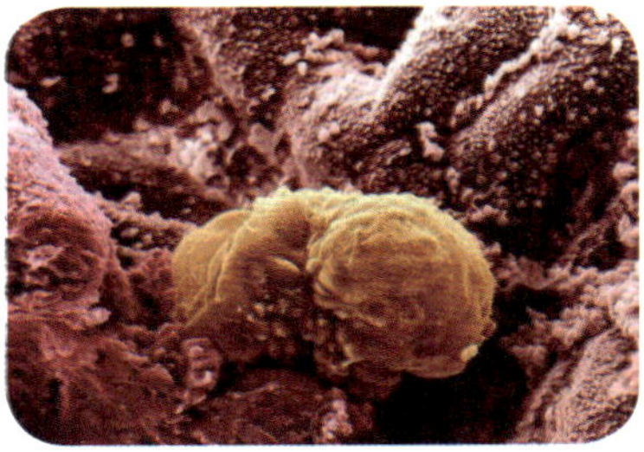

本周胎教要点

本周准妈妈已经受孕了，虽然自己还没有感觉。这个时期准妈妈要注意休息，不要剧烈运动，保持良好的心境和健康的体魄。可以练习一下瑜伽里的冥想动作，也可以多练练手工，培养自己的宁静心绪。同时，要注意营造和谐的家庭氛围。

运动胎教：做冥想瑜伽

在孕早期，最好的养胎方法就是“静”。瑜伽的冥想是让练习者把思绪只停留在一点上，固定不动，以观察自我。准妈妈可通过瑜伽的冥想排空杂念，使胎宝宝与自己在心灵和身体上都得到平和。

准妈妈可以听一段很轻柔舒缓的音乐，音乐中最好配合有海浪轻拍堤岸的声音。盘腿坐在地毯上或垫子上，想象和宝宝正坐在海边，海风轻轻地抚过脸庞，海浪在耳边低低地吟唱。深深地吸呼——吸，隐隐约约嗅到海风带来的淡淡盐味。伴随着一呼一吸，与宝宝共享这美好的时刻。

准妈妈的每次呼吸都是与胎宝宝最好的沟通和共鸣，当你全身心投入地感受着蓝天、白云、海风、阳光时，胎宝宝坐在子宫里，胎膜是笼罩他全身的天然光环，他的身体正接受妈妈呼吸带来的新鲜氧气。慢慢地，准妈妈和胎宝宝都会沉浸在无尽的快乐、愉悦之中。

把握好受孕瞬间的胎教

但凡父母，都希望孩子能继承父母的优点，是一个强壮、聪慧、俊美的宝宝。请注意，受孕瞬间正是关键的胎教时刻。

中医认为，男女交合时必须心情良好，才能为优孕优生打下良好的基础。《景岳全书》指出：“男女交合应在时和气爽，情思清宁，精神闲裕”下进行。这样“得子非唯少疾，且聪慧贤明”。因此，在您选定的最佳受孕日里，下班后应早些回家，夫妻双方共同操持家务，在和谐愉快的气氛中共进晚餐。饭后最好夫妻呆在一起，放上一盘轻音乐，一边听一边进行感情交流：可以体会对方的情感和需求，可以表达自己的感受，也可以共同回忆恋爱中的趣事，憧憬未来的家庭和孩子……当夫妻双方在情感、思维和行为等方面都达到高度协调时同房。在同房的过程中，夫妻双方都应有好的意念，要把自己的愿望转化为具体的形象，想象大自然中一切美好的东西。带着美好的愿望和充分的激情进入“角色”，极大限度地发挥各自的潜能。

这样，用夫妻的爱培育出的孩子将集中双亲在身体、相貌、智慧等方面的优点，并且会“青出于蓝而胜于蓝”。

美丽的诗歌：亲爱的三月，请进

准妈妈可以读些优美的诗，不仅可以放松自己的情绪，也可以让胎宝宝健康地发育。下面是艾米莉·狄金森的一首小诗《亲爱的三月，请进》，这首诗充满童趣，语言诙谐，意境优美。现在准妈妈就来欣赏这首诗吧！

亲爱的三月，请进

亲爱的三月，请进
我是多么高兴
一直期待你光临
请摘下你的帽子
你一定是走来的
瞧你上气不接下气
亲爱的，别来无恙，等等等等
你动身时自然可好
哦，快随我上楼
有许多话要对你说
你的信我已收到，而鸟
和枫树，却不知你已在途中
直到我宣告，他们的脸涨得多红啊
可是，请原谅，你留下
让我涂抹色彩的所有那些山山岭岭
却没有适当的紫红可用
你都带走了，一点不剩
是谁敲门？准是四月。
把门锁紧
我不爱让人纠缠
他在别处呆了一年
正当我有客，才来看我
可是小事显得这样不足挂齿
自从你一来到这里
以至怪罪也像赞美一样亲切
赞美也不过像怪罪

孕3周营养小贴士

孕3周时，准妈妈需要在补充叶酸的同时，加强多种微量元素的摄取，微量元素锌、铜等参与了中枢神经系统的发育。准妈妈可以适当吃一些香蕉、动物内脏，还有瓜子、松子等坚果类食品，它们都富含锌元素。要多吃营养丰富的食物，以及较易消化的食物，要多安排清淡、可口、不油腻的菜肴，以激起食欲。为了防止呕吐，可以在早晨醒来时，先喝一杯白开水，再吃一些易消化的食物，稍躺一会儿再起床。

补钙美食：什锦豆腐

材料：

豆腐150克，油菜200克，香菇（鲜）25克，冬笋25克，火腿50克，盐2克，猪油（炼制）15克。

做法：

1. 将豆腐切片，香菇、油菜、笋、火腿切丝；

2. 锅内加高汤和熟猪油烧沸，放香菇丝、笋丝、油菜丝、火腿丝、盐，煮熟后捞出盛入汤碗内，将汤再烧开后放入豆腐片，待豆腐片浮起，立即捞出，加入汤碗即可。

孕3周重要提示：谨慎服药

统计显示，有很大一部分人在怀孕头几天，会产生类似“感冒”的症状，比如低烧、轻微的咳嗽等。这个时候，如果准妈妈已明确怀孕计划，那么不要擅自服药，因为许多感冒药可能会对胎宝宝产生不良影响。多等几天，如果症状加重，就去看医生，请他给你进行适当的治疗。

孕4周

胚泡分化成胎盘和胎宝宝

胎宝宝的发育细节

此时胎宝宝刚刚完成“着床”，只有 2 ~ 2.5 毫米，是一个由三层组织——外胚层、中胚层和内胚层构成的胚胎，他的所有器官和身体部位都将由这三层组织发育形成，最初的胎盘也是在这个阶段由这三层构成的。着床后的胚胎慢慢长大，这时大脑的发育已经开始，在卵子受精后 1 周，受精卵不断地分裂，一部分形成大脑，另一部分则形成神经组织。

准妈妈的身体变化

这周大多数准妈妈还感觉不到任何异常，部分敏感的准妈妈可能感受到妊娠反应了，会出现类似“感冒”的症状，可能会有轻微的不舒服，有时会感到疲劳，或在没有任何原因的情况下出现发热、发冷等症状。没关系，过几天这种发烧症状会自动消失。

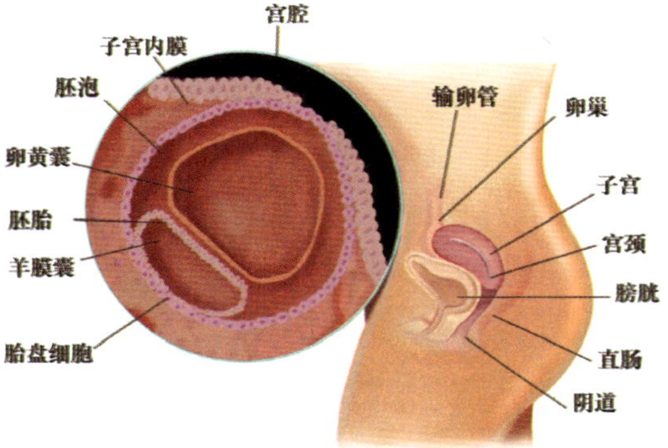

本周胎教要点

孕期准妈妈的心态也会影响到将来宝宝的性格。也就是说当准妈妈在孕期时烦躁易怒，将来的宝宝也会是个急性子。如果准妈妈孕期开心快乐，孩子也会受妈妈的影响，所以，准妈妈现在首要任务就是让心情向快乐出发！可以听一些轻松的音乐，读一些优美的散文，让自己的心情处于愉悦状态。

运动胎教：孕期体操

怀孕了，准妈妈仍然要坚持锻炼身体、增强体质。但由于孕早期生理特殊性，很多剧烈的运动不宜进行，但可采取的锻炼方法、运动项目还有很多，如做孕期体操，或在家中做些轻便工作、家务等。准妈妈最好每天都能保持一定的运动量，增加血液循环，加强心肺功能。

这周准妈妈就来学习这套简单的体操吧！它不需要花费很多时间，但可以达到锻炼四肢和腰部的目的。准妈妈在清晨和晚上都可以做。

1. 自然地坐在床上，两腿前伸成V字形，双手放在膝盖上，上身右转。保持两腿伸直，足趾向上，腰部要直，目视右脚，慢慢数至十。然后转至左边，同样数到十，再恢复原来的正面姿势。

2. 仰卧床上，膝部放松，双足平放床面，两手放在身旁。将右膝抱起，使之向胸部靠拢，然后换左腿。

3. 仰卧，双膝屈起，手臂放在身旁，肩不离床，转向左侧，用左臀着床，头向右看，恢复原来姿势。然后转向右侧，以右臀着床，头向左看，动作可以反复做几次，可活动头部和腰部。

4. 跪床，双手双膝平均承担体重。直背，头与脊柱成一直线，慢慢将右膝抬起靠近胸部，抬头，随后伸直右腿。然后换左腿做同一动作。

胎教名曲：平湖秋月

孕期经常聆听悦耳动人的音乐，除了可以帮助准妈妈保持心情愉悦、增进和胎宝宝的情感交流外，还能促进胎宝宝身心发育，培养孩子的音乐兴趣和天赋。在孕早期，准妈妈可以选择一些宁静、优美的古典音乐来听。这首《平湖秋月》旋律优美，明媚流畅，音调婉转，具有迷人的艺术魅力，很适合准妈妈在孕早期听。

赏析

《平湖秋月》是广东抒情乐曲中的佳品。该曲以清新明快、悠扬华美的旋律，描写了杭州西湖的胜景之一“平湖秋月”：皎洁秋月清辉下的西湖幽静迷人，秋夜景象平和、静谧，晚风轻拂、素月幽静。一潭平静的湖水，映照着一轮皎洁的秋月，碧空万里，波光闪烁，青山、古树、亭台、楼阁，在月光下仿佛披上了一层轻纱，整个西湖看起来好像是一个童话世界。乐曲描绘出了中国江南湖光月色、诗情画意的夜景，也寄托了人们向往美好生活、渴望太平的愿望和对大自然的热爱之情。

民间艺术欣赏：剪纸

准妈妈怀孕了，无论从让自身轻松愉快，还是从让胎宝宝得到良好胎教的角度来说，准妈妈需要做的，就是欣赏美，享受美！通过美育对准妈妈进行审美意识和情感的培养，有着其他方法无法比拟的优势。所谓"随风潜入夜，润物细无声"，美的情感需要潜移默化的灌注，因而在欣赏艺术作品时，准妈妈要对多种艺术形式进行欣赏，这样才能真正使自己徜徉在艺术的海洋中，乘着美的风帆，自由翱翔。今天，准妈妈就和胎宝宝一起来欣赏一种常见的民间艺术——剪纸吧！

剪纸简介

剪纸是一种镂空艺术，其在视觉上给人以透空的感觉和艺术享受。其载体可以是纸张、金银箔、树皮、树叶、布、皮、革等片状材料。

民间剪纸的构架和表现不是某一固定视点静态视觉形象的模拟或再现，而是把感性和理性充分综合的动态辨证。中国民间美术在透视上不追求纵深感，而有着"看得多、看得全"的审美辨识。民间剪纸同样体现出这种审美观念。

剪纸有简单和复杂之分。在生活中，其实剪纸很常见，即使在现代城市，如果有人结婚，也总爱贴些大红喜字在家里，这就是简易的剪纸！

散文欣赏：匆匆

优美隽永的经典美文，用词讲究，内容或欢快或温馨，准妈妈读来可以体会到其中深远的意境，可以平复心绪，同时也给胎宝宝创造一个安宁舒适的生长环境。而这篇《匆匆》正是朱自清以他丰富的想象力，形象地捕捉住时光逝去的踪迹。准妈妈和胎宝宝一起去寻找时间的痕迹吧！

匆匆

朱自清

燕子去了，有再来的时候；杨柳枯了，有再青的时候；桃花谢了，有再开的时候。但是，聪明的，你告诉我，我们的日子为什么一去不复返呢？——是有人偷了他们罢：那是谁？又藏在何处呢？是他们自己逃走了罢：现在又到了哪里呢？

我不知道他们给了我多少日子，但我的手确乎是渐渐空虚了。在默默里算着，八千多日子已经从我手中溜去；像针尖上一滴水滴在大海里，我的日子滴在时间的流里，没有声音，也没有影子。我不禁头涔涔而泪潸潸了。

去的尽管去了，来的尽管来着；去来的中间，又怎样地匆匆呢？早上我起来的时候，小屋里射进两三方斜斜的太阳。太阳他有脚啊，轻轻悄悄地挪移了；我也茫茫然跟着旋转。于是——洗手的时候，日子从水盆里过去；吃饭的时候，日子从饭碗里过去；默默时，便从凝然的双眼前过去。我觉察他去的匆匆了，伸出手遮挽时，他又从遮挽着的手边过去，天黑时，我躺在床上，他便伶伶俐俐地从我身上跨过，从我脚边飞去了。等我睁开眼和太阳再见，这算又溜走了一日。我掩着面叹息。但是新来的日子的影儿又开始在叹息里闪过了。

在逃去如飞的日子里，在千门万户的世界里的我能做些什么呢？只有徘徊罢了，只有匆匆罢了；在八千多日的匆匆里，除徘徊外，又剩些什么呢？过去的日子如轻烟，被微风吹散了，如薄雾，被初阳蒸融了；我留着些什么痕迹呢？我何曾留着像游丝样的痕迹呢？我赤裸裸来到这世界，转眼间也将赤裸裸的回去罢？但不能平的，为什么偏要白白走这一遭啊？

你聪明的，告诉我，我们的日子为什么一去不复返呢？

孕4周营养小贴士

这时叶酸的补充对你来说依然重要。每天服用0.4毫克的叶酸片要从孕前一直坚持到孕期3个月。因为叶酸的缺乏可能会引起先天性神经器官畸形。准妈妈切不可大意哟！许多食物中也含有丰富的叶酸。各种绿色蔬菜如菠菜、生菜、芦笋、油菜、西蓝花以及动物肝肾、豆类、水果、奶制品等都富含叶酸。在均衡饮食的前提下，这些食物要多吃一些。

补充叶酸小食谱：香蕉薯泥

材料：

香蕉、马铃薯、草莓、蜂蜜各适量。

做法：

1. 香蕉去皮捣碎；马铃薯洗净去皮，蒸至熟软，出锅压成泥状，放凉备用；
2. 将香蕉泥与马铃薯泥混合，摆上草莓，淋上蜂蜜即可。

孕4周重要提示：警惕阴道流血

孕早期出血是很常见的现象，但也有可能是流产或宫外孕的先兆。如果你出现见红或出血的症状，请到医院就诊。

精子和卵子结合成受精卵，分裂发育成胚泡，于受精后第5～6天埋入子宫内膜。在孕酮的作用下，卵巢卵细胞的发育受到抑制，排卵受到抑制，子宫内膜发育成蜕膜，月经周期停止。因此，怀孕后不应有阴道流血。一旦出现阴道流血，应立即进行检查。孕期阴道流血的主要原因有先兆流产、宫颈糜烂、宫外孕或葡萄胎等，要引起足够的重视。

PART2 孕2月

胎宝宝安营扎寨了

从本月末开始，胚胎就开始成为胎儿了。

孕5周

胎宝宝的小心脏开始跳动

胎宝宝的发育细节

此期的胎宝宝就像一颗小豆子，身长大概只有1厘米，眼睛、耳朵、鼻子、嘴巴的位置已经有了小窝窝，躯体里伸出了像小芽般的手臂和双腿。中枢神经系统开始发育，呼吸管也开始出现，心脏已经分出了左右心房。这时，胎盘也开始为胎儿提供营养。

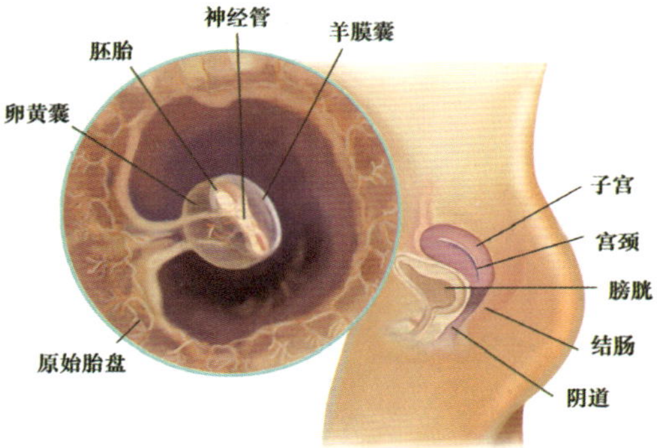

准妈妈的身体变化

有些准妈妈现在还不知道自己已经怀孕。现在准妈妈的体重和体型依然没有改变，但子宫质地变软，大小没有变化。对于准妈妈来说，停经可能是胎宝宝来到的第一个信号。如果以往月经规律，现在突然停经，则是怀孕的典型症状。大多数准妈妈在本周会出现恶心、孕吐、乳房胀痛、疲劳以及尿频等症状。嗅觉会变得更加灵敏，讨厌烟、酒精或含咖啡因的饮料。准妈妈现在很容易犯困，而且情绪从兴奋、骄傲到怀疑、不安，十分不稳定，易焦虑不安，有时还会流泪。这些变化主要是激素引起的。

本周胎教要点

本周是胎宝宝各器官形成的敏感时期，如果准妈妈情绪不稳定，可能会造成胎宝宝畸形。保持积极、乐观的情绪不仅可以帮助准妈妈保持良好的食欲、提高睡眠质量，还能够使胎宝宝的血液供给、心率和呼吸保持在正常状态。这个时期准妈妈也要注意摄入足够的营养，以满足胎宝宝的发育要求。

准妈妈心情愉悦，就是最好的胎教

准妈妈的心情是否愉悦，对胎宝宝的情绪、性格、健康、心理起着至关重要的作用。准妈妈的快乐情绪不仅会让自身保持在最佳状态，让胎宝宝获取充足的营养，更会通过神经递质的作用将良好情绪传递给胎宝宝，促使胎宝宝的大脑得到良好的发育，让胎宝宝获得乐观、开朗的人格。

做好情绪胎教，准妈妈要放宽心，控制各种过激情绪，多想一些美好的事情，多憧憬一下胎宝宝出生后的幸福画面，让自己保持乐观的态度、开朗的心情。家人的关心和体贴，对准妈妈也显得格外重要。在夫妻感情融洽、家庭气氛和谐、准妈妈心态良好的情况下，受精卵就会"安然舒适"地在子宫内发育成长，未来的宝宝就更健康、聪慧。

情绪胎教体现了父母之爱，情绪胎教的成功，是准爸爸的责任与准妈妈的行为结合的结果，也是为将来夫妻双方共同育儿所做的最好准备。

胎教名曲：爱之梦

在孕5周，很多准妈妈由于早孕反应而情绪不稳定，精神状态也没有以前好。为了腹中的胎宝宝，准妈妈一定要坚持努力调整自己的心情。现在，准妈妈来听一听这首著名的乐曲《爱之梦》吧！它可以安抚准妈妈和胎宝宝的情绪。

赏析

这是匈牙利作曲家李斯特为德国浪漫派诗人弗莱里格拉特的著名抒情诗《爱吧，你可以爱得这样久》所配的声乐曲谱。

乐曲的开始，首先出现情意绵绵的旋律，呈现了甜美的主题，满含爱的柔情和愉悦，深情而婉转的旋律深深打动人，犹如一首无词歌。随着情绪的不断高涨，乐曲变得热情，原来含情脉脉的内心发展成炽热的倾诉，散发着火一般的热情，乐曲也达到高潮。乐曲尾声，重复爱的主题，在梦一般美丽的感觉中，恋恋不舍地结束全曲。这首乐曲，在情绪、速度各方面都非常适合做胎教音乐。

书法欣赏：兰亭集序

书法是一门艺术。当准妈妈因为工作或生活而产生心理压力，或因怀孕而感到内心不安时，不妨静静地靠在床头或者办公桌旁，欣赏一下传世之作，沉浸在美好的精神家园中吧。和胎宝宝一起享受艺术之美，等胎宝宝出生后还可以与其共同欣赏，那时想必你会另有一番幸福而美妙的感受。

准妈妈欣赏书法作品时，一定要自己先感知其中的美好，然后用眼睛将书法的影像拍下来，默默地在头脑中重现，胎宝宝是可以感受到的。

作品背景

王羲之写出的字端庄清秀，飘若浮云，精研体势，广采众长，冶于一炉，创造出“天质自然，丰神盖代”的行书。

《兰亭序》又名《兰亭集序》。《兰亭序》为三大行书书法帖之一，为王羲之所写，系中华十大传世名帖之一。《兰亭序》共二十八行，三百二十四字，章法、结构、笔法都很完美，是王羲之三十三岁时的得意之作。历代书法家都推《兰亭序》为“天下第一行书”。

据说，当时王羲之写完之后，对自己这件作品非常满意，曾重写几篇，但都达不到这种境界，他曾感叹说：“此神助耳，何吾能力致。”

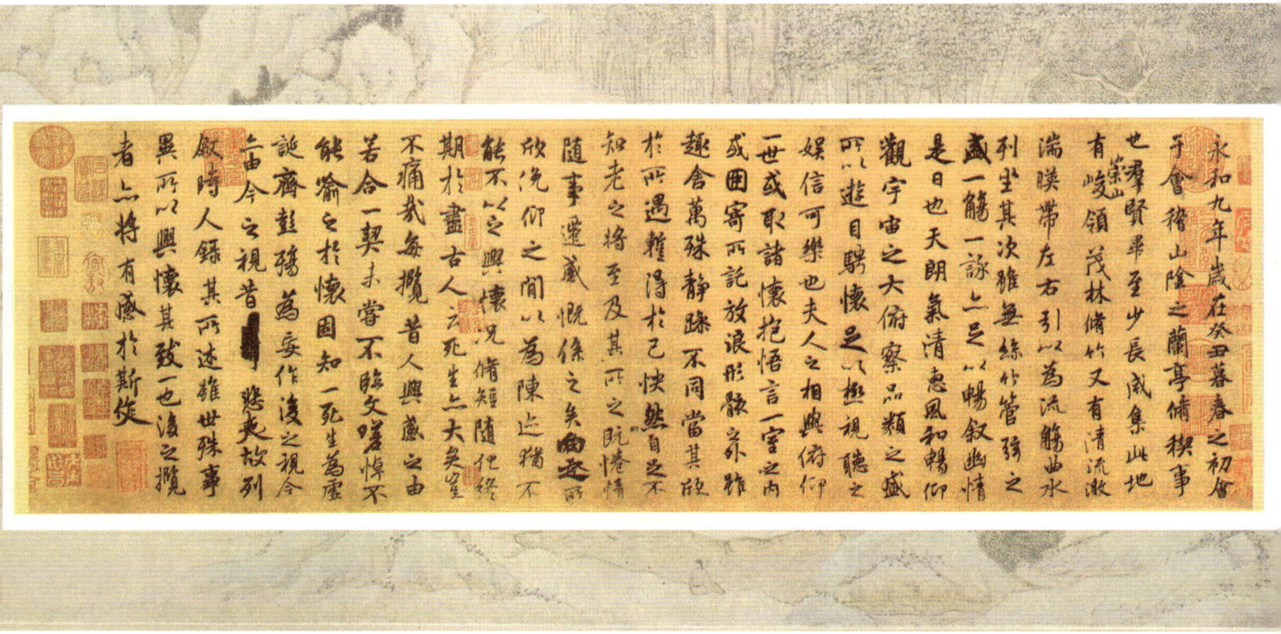

孕5周营养小贴士

这段时期，有的准妈妈早孕反应很强烈，没有一点胃口，吐得浑身乏力，日渐消瘦。其实妊娠孕吐与精神因素有关系，如果怀孕以后坚强乐观，想一想怀孕的美妙、做母亲的幸福，遇到困难后有坚强的勇气，症状自然会减轻。准妈妈要以良好的心态来对待孕吐，抱有吐了再吃的决心，能吃多少就吃多少，能吃什么就吃什么，这样就一定能战胜孕吐。

准妈妈此时要少食多餐，将一天三餐改为六餐或更多，吃些让你的胃舒服的东西。孕吐较重时的饮食应以富有营养、清淡可口、容易消化为原则。以瘦肉、鱼类、蛋类、面条、牛奶、豆浆、新鲜蔬菜和水果为佳，多进食一些富含蛋白质、矿物质、维生素及容易消化的食物，并及时通过药剂补充铁、钙、叶酸及各种维生素，以防止贫血和缺钙。

缓解孕吐食谱：冰糖银耳汤

材料：

银耳、冰糖各适量。

做法：

1. 银耳放入碗内用温水泡透，用手将银耳叶反复揉碎；
2. 将锅置火上，注入清水 2000 毫升，小火熬 3 ～ 4 小时，银耳熟烂汁稠；
3. 冰糖放锅内，加清水 50 毫升，置火上溶化成汁即成。

孕5周重要提示：避免剧烈运动和外出旅行

在这个时期，胎宝宝的心脏、血管系统最敏感，很容易受到损伤。准妈妈要注意调整自己的饮食起居，避免剧烈运动，帮助宝宝安然度过这个敏感期。

孕期前 3 个月是胚胎发育的关键时期，此时的胚胎往往较为脆弱，容易受外界不良因素，包括高空辐射的影响。所以孕早期出行要量力而为，特别不宜频繁乘坐飞机，也不宜过度颠簸劳累。

孕6周
胎宝宝的头部形成了

胎宝宝的发育细节

此时胎宝宝看起来像个小蝌蚪，已经有了自主的心跳，可达到每分钟140 ～ 150次，是准妈妈心跳的两倍。四肢和小手又明显了许多，肾脏和肝脏等主要器官继续发育，原始的消化管道也开始形成，连接脑和脊髓的神经管闭合，胎宝宝的头部形成了，头部和身躯的大小有点相似。由于有这样一个特别大的头，胎宝宝外观很像海马。这个月末，他会蜷缩成一团，很像一只熟睡的小动物。

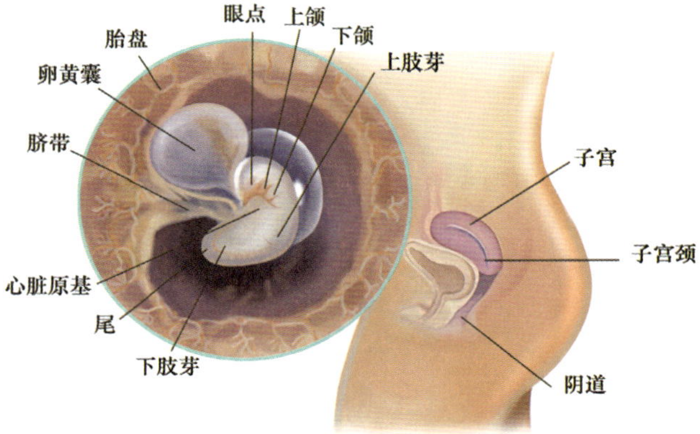

准妈妈的身体变化

这个星期胚胎在准妈妈的子宫里迅速地成长，准妈妈大多已经觉察到怀孕的迹象。准妈妈开始变得慵懒，在白天也感到昏昏欲睡，并从心里厌倦多说话，不愿做家务，只是希望静静地呆在家里。现在最好不要外出旅行，过量的运动有可能引起流产。

本周胎教要点

很多准妈妈这周会有早孕反应，情绪难免会烦躁，此时，准妈妈要从意念上和情绪上来调节自己，可以去听一场音乐会，或者去看一场名画展等，使身心得到放松，也能使胎宝宝受到艺术熏陶。运动可以防止妊娠中的体力衰弱，并逐渐增加肌力和持久力。在这周，准妈妈也可以练习一些舒缓的孕期保健体操。

运动胎教：做孕期保健体操

在孕期，适时开展孕期保健体操，有益于强健母子体质的，这也是早期进行间接胎教的手段之一。准妈妈此时可以根据身体的情况，适当做一些孕期保健体操。

坐的练习：做体操前，准妈妈应尽量选择有靠背的椅子，这样可以减轻上半身对盆腔的压力。坐之前，把两脚并拢，把左脚向后挪一点，然后轻轻地坐在椅垫的中部。坐稳后，再向后挪动臀部把后背靠在椅子上，深呼吸，使脊背伸展放松。这虽然不能算作一节操，但在孕早期应练习学会“坐”。

脚部运动：活动踝骨和脚尖儿的关节。由于胎宝宝的发育，准妈妈体重日益增加，会增加脚部的负担，因此，必须每日做脚部运动。

给胎宝宝读月亮儿歌

准妈妈，当你心情烦躁时，不妨去看看夜晚的星空吧！你知道天上最大的那颗“星星”——月亮的故事吗？本周的几首童谣都是有关月亮的，准妈妈不妨读给胎宝宝听吧！

月亮街

传说中有个神秘的请帖，
邀请人参观月亮街。
先要寻找芝麻姑姑，
还要找到水晶爷爷。
传说中有个神秘的请帖，
邀请人参观月亮街。
先要寻找芝麻姑姑，
还要找到水晶爷爷。
只要正义勇敢托起山岳，
用那智慧铺下台阶，
你会看见美丽的城堡，
那就是月亮街。
月亮街呀月亮街，
善良的世界，
星星和月亮。
月亮姑姑要睡觉，
星星在旁边不停地闹，
吵得月亮睡不着，
所以整夜睁着眼。
宝宝别哭闹，

摘月亮

摘颗月亮与你玩，
再把你轻轻摇，
摇到梦里的小桥边。
桥上有小王子，
小王子点灯笼，
再去拜访小月亮。
月儿月儿明晃晃
月儿月儿明晃晃，
开开小门洗衣裳。
洗得小手白光光，
蒸得馍馍四方方。

环境胎教：和胎宝宝一起走进大自然

人疲倦的时候，总喜欢到大自然中走走。人类生存、繁衍，奔流不息，时时刻刻在大自然中感受它的广阔、神奇、美丽和温馨。走进大自然，感受这个清新的世界，对一个新生命来说，也是必要的，它可以说是促进胎宝宝智力开发的重要的胎教基础课。

当然，走进大自然，眼前的一切都是母亲看见的，但是腹中的胎宝宝却可以和母亲一起分享母亲的感受。在大自然中，母亲可以欣赏到飞流直下瀑布的美丽，欣赏到幽静的峡谷、潺潺的泉水。大自然就像一首诗，文字虽少，联想却很深远。准妈妈在欣赏大自然的美景的同时，也不断地将这些盛景在大脑中汇集、组合，然后经自己的感官，将这些信息传递给胎宝宝，使他受到大自然的陶冶。

大自然是生命的绿地，它不仅能够给人以温馨，而且能够给人以希望，在大自然中感受阳光，是一种温暖的感动。我们的生命离不开阳光，但它不仅仅给了我们温暖，还可以促进血液循环，杀灭麻疹、流脑、猩红热等传染病的细菌和病毒，还能促使母体内钙的吸收，促进胎宝宝骨骼的生长发育。

大自然中清新的空气对于人类的健康有极大的益处，对准妈妈更是如此。准妈妈在早上起床之后，到有树林或者草地的地方去做操或散步，呼吸那里的清新空气，再者，树林多的地方以及有较大面积草坪的地方，尘土和噪声都比较少，也有利健康。那些身在职场的准妈妈，除早晨外，在工作休息时也应到树木、草坪或喷水池边走走。

孕6周营养小贴士

在孕早期，准妈妈多吃核桃、海鱼、黑木耳会有助于胎宝宝神经系统的发育。核桃含丰富油脂及蛋白质、粗纤维、胡萝卜素、维生素、尼克酸、铁、维生素E等，是一种健脑益智的美味食品。海鱼含丰富的蛋白质，碘、钙、铁、磷等矿物质以及亚油酸、尼克酸等脂肪酸和维生素B_1等。黑木耳含有丰富的蛋白质、铁、磷、维生素等健脑需要的营养素。

孕期美食：糖醋黄花鱼

材料：

黄花鱼1条，葱花、蒜茸、胡椒粉、糖、醋、淀粉各适量。

做法：

1. 在黄花鱼身上斜切几刀，用盐、干淀粉拍在鱼上；
2. 锅置旺火上，将鱼浸油炸至身硬捞起，将鱼翻炸，捞起上盘；
3. 锅里留余油少许，放各项佐料，用湿粉打芡，淋在鱼面上即成。

孕6周重要提示：唇腭裂高发期要注意营养

早孕6～10周是胚胎腭部发育的关键时期，情绪过分不安会影响胚胎发育并导致腭裂或唇裂。注意情绪调节，保持心情愉快，饮食除了要容易消化吸收之外，食品种类越杂，营养素越全面，对胎宝宝生长发育和母体健康越有益。

从胚胎5～6周起，乳牙基质开始慢慢发育成乳牙胚。恒牙胚是在胎宝宝5个月时开始发育，牙胚发育好坏直接关系孩子出生后牙齿状况。所以，现在开始，准妈妈所摄入的营养关系到母子两个人的健康呢！

孕7周

胎宝宝的五官开始发育

胎宝宝的发育细节

此时的胎宝宝像一个小橄榄，尾巴消失了，眼睛、鼻孔、嘴唇、舌头等开始形成，小胳膊和腿也长长了许多。肝、肾、肺、肠道和内部性器官的形成已经接近尾声。胎宝宝的重要器官都开始在这个阶段形成，所以特别脆弱，应该避免任何的危险，以免给胎宝宝造成伤害。

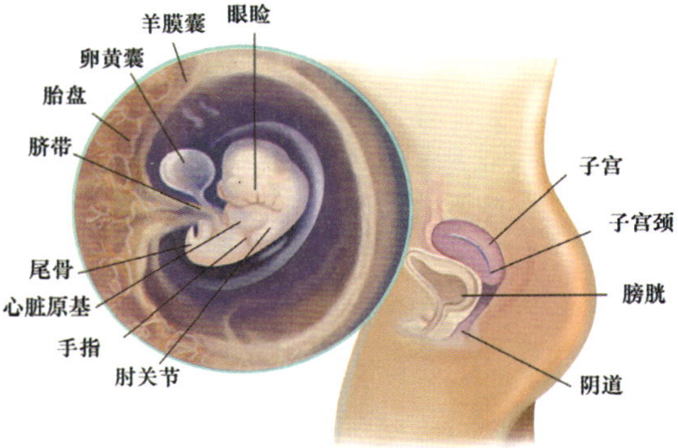

准妈妈的身体变化

随着孕周的增加，准妈妈的子宫壁变得很软，宫颈变厚，以保护子宫。这一周，准妈会感到很疲劳，这种异常的疲倦通常过了前3个月就会消退，当准妈妈的身体渐渐习惯于怀孕时，就会恢复正常的精力。这周准妈妈的心率突然增快，新陈代谢率提高了25%。由于子宫压迫，跑厕所的次数也比过去频繁多了，但是并没有尿急、尿痛等现象，这种尿频属于正常的孕期现象，无需治疗，更不会影响到胎宝宝。

本周胎教要点

本周准妈妈容易感到烦躁或焦虑，但准妈妈要有意识地让自己平静，告诉自己“不要着急，不要生气，宝宝正在看着呢！”你的积极、平和的情绪可以传递给腹中的胎宝宝，这将为孩子今后的人生打下良好的基础。准妈妈本周可欣赏一些名画，也可选择一些优美健康的音乐来听，这样不仅可以使自己心情得到平静，还可以改善胎盘的供血状况，使胎宝宝更健康地成长。

音乐胎教：杜鹃圆舞曲

《杜鹃圆舞曲》由于曲调优美，节奏上具有挪威民间舞曲的风格，音乐形象生动鲜明，深受人们的喜爱。这首曲子特别适合准妈妈在早晨睡醒后听。就让一天的新生活从这欢快活泼的旋律开始吧！

赏析

《杜鹃圆舞曲》是根据瑞典作曲家约纳森创作的一首同名钢琴曲移植的手风琴曲。全曲由三个小圆舞曲组成。第一段以杜鹃鸣叫为核心，以轻快、活泼的节奏和清新、流畅的旋律，描绘了一幅生机盎然的景象，婉转的鸟鸣和轻松的三拍子节奏，形成了温和、迷人的气氛；第二段间杂着杜鹃的鸣叫声，好似杜鹃鸟灵活地在林中飞来飞去，杜鹃鸟的鸣叫声为林中增添了浓浓春意；第三段与前两段轻快、活泼的旋律形成鲜明的对比，加之手风琴特有的音色，使得音乐有一种迷人的色彩。在竖笛模仿杜鹃鸟鸣叫以后，第三段抒情的旋律又反复了一次，最后第一段音乐再现，并结束在杜鹃鸟的鸣叫声上，与乐曲的开始形成呼应。

联想胎教：脑呼吸

本周是胎宝宝各器官形成的关键时期，准妈妈这时可用意念胎教的方法使胎宝宝发育得更加完善。意念胎教最常用的是脑呼吸。

具体做法

首先熟悉脑的各个部位的名称和位置，闭上眼睛，在心里按次序感觉大脑、小脑、间脑的各个部位，想象脑的各个部位并叫出名字，集中意识，这样做可提高集中力，能清楚地感觉到脑的各个部位。

刚开始做脑呼吸时，先在安静的气氛下简短做5分钟左右，在逐渐熟悉方法后，可增加时间。吃饭前，在身体轻快的状态下做脑呼吸更有效果。

还可以通过脑呼吸和胎宝宝进行对话。想象一下肚子里的孩子，想象胎宝宝的各个身体部位，从内心感觉孩子。如通过超声波照片来看的话，形象更容易想象。

有趣的语文题，你会做吗

当准妈妈感到烦躁或焦虑时，不妨做一些有趣的题目来调节心情，还可以学习到很多有趣的知识，何乐而不为呢？下面这几道有趣的语文题，准妈妈，你会不会做呢？

1. 宝塔诗如何读？

开
山满
桃山杏
山好景山
来山客看山
里山僧山客山
山中山路转山崖

2. 巧读轱辘诗

相传宋朝才女苏小妹选婿时，写了十四个字排成环形给秦少游，以表达自己心意。秦少游一看，便心领神会，万分欢喜。

慕
久　秦
玉　郎
含　假
花　乱
春　真
逢　时
又

你觉得这环形的十四个字应该怎样读？（答案见48页。）

名画欣赏：田野

多数出生在城市里的宝宝，很少有机会真正体会到人与自然间的和谐状态。准妈妈何不今天就先给胎宝宝来个预习，看着画，告诉胎宝宝，原野到底是个什么样子？

《田野》是梵高的作品。梵高为了画好一个农夫在晚餐中吃马铃薯喝咖啡的情景，几乎画遍附近的每一个农夫。他要表现灯下食薯的农人搁在盘里的双手曾经锄过泥土。他画里的田野，流动着太阳的血液。阳光与大地，大地与农人，都成为一体，而且跳动着和谐的节奏。

孕7周营养小贴士

本周，准妈妈腹中的胎宝宝还很小，所以他现在并不需要大量的热量，但是他需要充足的营养供给来完成细胞分裂和器官生长。这个时期，准妈妈可以吃些谷类食物、蔬菜色拉和蔬菜汤等，这些食物不仅能为胎宝宝提供足够的营养，还能防止准妈妈的体重过度地增加。

孕期美食：蔬菜玉米麦片粥

材料：

棒渣50克，大米30克，玉米面20克，即食燕麦片20～30克，玉米粒、豌豆粒、胡萝卜粒、土豆丁、西蓝花各少许。

做法：

1. 棒渣洗净，于前一晚浸泡；
2. 取小锅，放入淘洗干净的大米和浸泡过一晚的棒渣，再注入足够量的清水；
3. 把小锅放置火上大火煮滚，倒入调成糊状的玉米面，边倒边用汤勺搅匀，以免结块，然后转小火慢慢熬制；
4. 将蔬菜洗净，切成小丁；等粥煮到米粒开花时放入蔬菜丁和燕麦片，不易煮熟的蔬菜可以先放，煮至所有材料成熟即可。

孕7周重要提示：保持口腔清洁，远离宠物

孕吐会使牙齿遭呕吐残留物的摧残，因此准妈妈要经常刷牙，保持口腔清洁；另外，孕早期的妈妈喜欢吃的酸味食物也很容易损伤牙齿。准妈妈做好口腔的清洁工作不但与宝宝健康有关系，对准妈妈也很重要。

与小猫、小狗相处的日子一定很快乐，离开它们准妈妈一定很不舍，但是为了宝宝的健康，准妈妈要尽量远离猫狗等宠物，因为弓形虫会引起胎宝宝畸形。

孕8周

胎宝宝开始四处游动

胎宝宝的发育细节

此时胎宝宝的头部已经明显挺起，脑细胞的初级神经已经形成，小脑叶也渐有雏形，神经细胞在快速生长。五官开始形成，心、脑、肝、肺、肾等大部分内脏器官已经初具规模，心跳也已经正常。胎宝宝的皮肤透明得可以看到下面的血管网。现在的胎宝宝已经开始四处游动了，腿和胳膊的骨头已经开始硬化并且变长，腕关节、膝关节、脚趾也开始形成了。

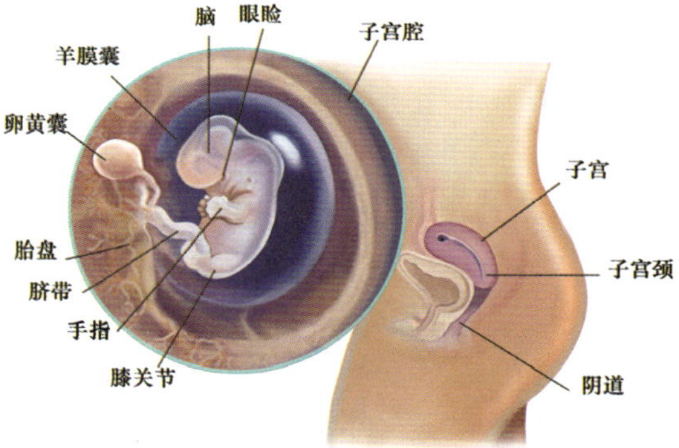

准妈妈的身体变化

本周，准妈妈可能是第一次有腹部疼痛的感觉，这是因为准妈妈的子宫在迅速地成长扩张。虽然准妈妈的腹部可能看起来还很平坦，但实际上，准妈妈的子宫差不多已经有一个拳头大了，同时阴道壁和子宫颈因为充血而变软。准妈妈出现尿频现象，这是由于子宫成长壮大后压迫着膀胱的缘故。本周是最可能患上孕期呕吐症（晨吐）的时间。同时，准妈妈对气味越来越敏感，胃也开始变得敏感了，这些也是导致晨吐的原因。

本周胎教要点

现在准妈妈可以给胎宝宝做性格胎教了。胎宝宝在母体的几个月内，和母亲在某些方面就有着共同的节律，母亲的习惯将直接影响到胎宝宝的习惯。因此，准妈妈要特别注意一些生活上的细节：如早睡早起、回家后漱口、洗手；远离烟酒；勤打扫，保持家中清洁等。另外，本周准妈妈还要多听音乐，多和胎宝宝进行交流，训练胎宝宝的听力。

音乐胎教：高山流水

尽管现在胎宝宝还听不懂音乐，但准妈妈经常听一些轻柔优美的歌曲或音乐能够改善不良情绪，产生美好的心境，并把这种信息传递给胎宝宝。这首《高山流水》旋律优美，准妈妈可以躺在床上欣赏，想象自己置身于山水之间，从而让身心得到彻底的放松。

赏析

《高山流水》取材于“伯牙鼓琴遇知音”的故事，是人类音乐的代表作之一。乐曲描绘了山水相映、水天一色的景象，由静而动，由缓而疾，由婉转到跌宕，由点滴到浩荡，在力度和节奏的澎湃中，大自然的情景与人类的情感达到了高度的交融。在这泉水的交响之中，仿佛能够看到岁月的流逝、历史的变迁、生命的繁衍成长。

胎教趣闻：不愿喝妈妈奶水的女婴

瑞典曾有一个名叫克列斯蒂娜的女婴，她虽然长得健壮，但却不愿吸吮母亲的奶，母亲把奶头对着她，她仍然把头转过去。她情愿去吸别人妈妈的乳汁或奶瓶的奶。后来经过调查后才知道，原来该婴儿的母亲在怀孕时打算流产，但因其丈夫的坚持才勉强生下了她。克列斯蒂娜在母亲的腹中已经痛感到母亲不希望生下自己，于是出生后就心怀不满，拒绝吃妈妈的奶，对母亲仍存有戒心。

44页“有趣的语文题，你会做吗？”答案：

1. 山中山路转山崖，山客山僧山里来，山客看山山景好，山杏山桃满山开。

2. 久慕秦郎假乱真，假乱时是又逢春。时又逢春花含玉，春花含玉久慕秦。

诗歌欣赏：金色花

诗歌是文字的音乐，其抑扬顿挫的语调，充沛丰富的感情，可以给宝宝美的感受，同样也能让宝宝感受到宁静平和。

泰戈尔被誉为是“孩子的天使”，这首《金色花》用充满童稚的想象，细腻地刻画了孩子天真可爱而又略带顽皮地与妈妈嬉戏的心理，含蓄巧妙地表达了孩子须臾不离妈妈的难舍难分的深厚感情。在读这首诗歌时，准妈妈的心中一定会充满了甜蜜，眼前仿佛也出现了宝宝天真烂漫的如天使般纯净的脸以及调皮、娇憨的样子。本周，准妈妈就来给胎宝宝朗诵这首泰戈尔的诗歌《金色花》吧！

金色花

泰戈尔

假如我变成了一朵金色花，为了好玩，
长在树的高枝上，笑嘻嘻地在空中摇摆，
你要是叫道：“孩子，你在哪里呀？”
我要悄悄地开放花瓣儿，看着你工作。
当你沐浴后，湿发披在两肩，穿过金色花的林阴，
走到做祷告的小庭院时，你会嗅到这花香，
却不知道这香气是从我身上来的。
当你吃过午饭，坐在窗前读《罗摩衍那》，
那棵树的阴影落在你的头发与膝上时，
正投在你所读的地方。
但是你会猜得出这就是你孩子的小小影子吗？
当你黄昏时拿了灯到牛棚里去，
我便要突然地再落到地上来，
又成了你的孩子，求你讲故事给我听。
“你到哪里去了，你这坏孩子？”
“我不告诉你，妈妈。”
这就是你同我那时所要说的话了。

孕8周营养小贴士

准妈妈现在可能有嗜酸、辣等爱好，烹调时可用柠檬汁、醋拌凉菜，也可用少量香辛料，如姜、辣椒等，让食物具有一定的刺激性，可以增加食欲。特别是冷食，能减轻食物对胃黏膜的刺激作用。另外，有很多食疗方法可以预防和缓解便秘，如多吃一些香蕉、蜂蜜、芝麻等有润肠作用的食品，多食用红薯、玉米、芹菜等富含膳食纤维的食品。

准妈妈清口凉菜：拌茄泥

材料：

鲜茄子750克，豆油20克，大蒜适量，面酱、细盐、熟芝麻各少许。

做法：

1. 把茄子去柄，上屉蒸烂；大蒜去皮捣烂待用；芝麻捣碎，放小盘内；
2. 勺内放油，烧热，放入葱花、面酱，炸出香味时，放入茄子翻炒；
3. 将味精倒入锅内，略翻炒后起锅，加入蒜泥拌匀，吃时撒上芝麻末。

孕8周重要提示：第一次产检

一般在孕期第8～12周时要进行第一次正式产检，此时医院会给准妈妈建立一个档案，记录准妈妈整个孕期每次身体检查的情况。所以第一次产检也俗称为“建档”。第一次产检的项目通常包括问诊、测量体重和血压、听胎心、验尿、验血、检查子宫大小等，在某些项目上会因各医院的安排和准妈妈的具体情况而略有不同。

PART3 孕3月

顺利度过危险期

胎宝宝已经开始有模有样了。

孕 9 周

胎宝宝初具人形了

胎宝宝的发育细节

本周胎宝宝的头部和躯体已经摆脱了先前的弯曲状态，所有的内脏器官也都慢慢成形。心脏已经分成四个腔，手、脚、四肢完全成形，已经可以手舞足蹈了。手指甲、脚趾甲、最初的毛发也依稀可见。眼皮已经覆盖双眼，鼻子长出鼻尖了，五官和大关节部位已经明显可辨。从现在开始，胚胎就可以被称作胎宝宝了。

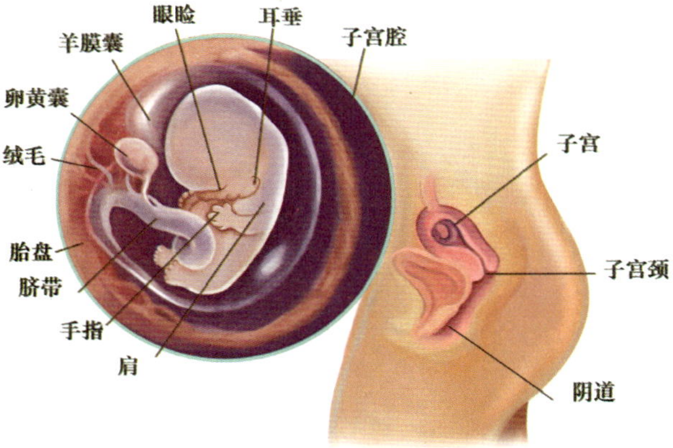

准妈妈的身体变化

准妈妈现在的子宫已增大了 2 倍，大概有网球那么大。随着子宫逐渐增大，准妈妈会感觉到整个身体都在发生变化。虽然体重没有增加太多，但是乳房增大了不少，乳头和乳晕色素加深，腰围也增加了不少。这个时期可能常感到腿部紧绷发疼，腰部酸痛。

本周胎教要点

本周，是胎宝宝发育的关键时期。由于生理功能的变化，准妈妈会感觉心情烦躁，非常疲惫，所以要保证充分睡眠和休息，不要进行剧烈运动。可以对胎宝宝做一些轻缓的抚摸胎教。准妈妈在本周应多接受文学和艺术之美的熏陶，除了多听音乐外，还可欣赏美丽的绘画，以及阅读有趣的童谣、故事等。

音乐胎教：雨滴

准妈妈多听一些能使自己心情平静的柔和、优美的曲子，这对于调节生活气氛、保持身心平和与愉悦的状态是很有帮助的。

本周要推荐给准妈妈听的一首胎教名曲是肖邦的《雨滴》。在天气晴朗的时候听这首《雨滴》时，准妈妈可以想象自己是在一所温暖的房子里，窗外正下着雨。既能欣赏雨景，自己又干干爽爽不被雨淋，这种状态是不是既悠闲又舒适呢？

赏析

《雨滴》（降D大调前奏曲）是浪漫主义钢琴前奏曲的创始人肖邦所创作的二十四首前奏曲之一。肖邦在这首前奏曲中，形象化地使用了一个固定的单音，它伴以单调的节奏型，好像是对有节奏的雨滴声的描绘。这首前奏曲的音乐形象虽然比较单一，但它仍然有许多细腻的变化。前奏曲的再现部分比较简练，它只再现了一个乐句。但它的尾声比较完整，并且意味深长：音乐渐渐远去，“雨滴”声慢慢消失，留给人们的是无比丰富的想象。

抚摸胎教：帮胎宝宝做体操

本周，胎宝宝开始活动了，胎宝宝在受到外界的刺激后会做出各种反应。因此，这个时候准妈妈不仅可以抚摸胎宝宝与其沟通信息、交流感情，还应当抚摸胎宝宝，帮助胎宝宝做“体操”。

1. 抚摸方法

准妈妈平躺在床上，全身尽量放松，在腹部松弛的情况下，用一个手指轻轻按一下胎宝宝再抬起，此时胎宝宝会立即有轻微胎动以示反应；有时则要过一阵子，甚至过了几天后才有反应。

2. 抚摸时间

一般以早晨和晚上开始做为宜，每次时间不要太长，5～10分钟即可。

3. 注意事项

开始轻轻按一下，如胎宝宝“不高兴”，他会用力挣脱或蹬腿反射，这时就应马上停下来。过几天后，胎宝宝对母亲的手法适应了，再从头试做，此时当准妈妈的手一按，胎宝宝就主动迎上去做出反应。

4. 结合语言胎教

在孕早期，准妈妈也可配合抚摸胎教来进行语言胎教。例如在午睡或晚上睡觉前，准妈妈躺下后温柔地抚摸胎宝宝，与胎宝宝充满爱意地说话，如：“宝宝，你好！一天过去了，高兴吗？妈妈爱你，非常爱你！”“宝宝，妈妈要睡觉了，你和妈妈一块睡，好吗？”

名画欣赏：荷花翠鸟

准妈妈应该都听过这样的说法：怀孕期间经常看美丽的图片，胎宝宝就会长得漂亮。之所以会有这种说法流传，也并不是毫无根据的。孕妈妈常看美丽的图片，自然心情愉悦，心情愉悦了，孕妈妈的身体精神各方面的状态就会变好，胎宝宝自然也能发育得更好。当然，胎宝宝的长相，还是主要靠遗传来决定的。

在中国传统文化里，荷花象征纯洁的女子或坚贞的爱情，因此荷花常常被画者画入画。今天准妈妈就来欣赏李苦禅大师的这幅《荷花翠鸟》吧！

李苦禅笔下的荷花，多有现实寄寓。他似乎比较喜欢把荷花当作“出淤泥而不染”的君子高洁品质的化身。他在为荷花写照传神的同时，也为它们赋予某种人格内涵。

此幅《荷花翠鸟》是李苦禅的代表性作品之一。其中可见齐白石的诸多影响，例如荷叶的水墨泼写，水鸟线条的拙朴；但他并不完全袭取齐白石的画法，于是在荷花的表现上，他采用了写中略工的技巧，而在花蕊中点染花；而荷叶的脉络，则纯以干墨。因此，在齐白石的拙朴、老辣之外更多了一点大气。

环境胎教：美化居室环境

家是准妈妈停留时间最多的地方，居室环境对于准妈妈来说是非常重要的，最基本的要求是要使居室整洁雅观。准爸爸可以为准妈妈做以下的事情：

1. 可以在居室的墙壁上悬挂一些活泼可爱的婴幼儿画片或照片，他们可爱的形象会使准妈妈产生许多美好的遐想，形成良好的心理状态。

2. 悬挂一些景象壮观的油画也是有益的，它不仅能增加居室的自然色彩，而且能使人的视野开阔。

3. 可以在居室悬挂一些隽永的书法作品，时时欣赏，以陶冶性情。书法作品的内容常常是令人深思的名句，准妈妈从中不仅能欣赏字体的美，更能感到有一种健康向上、给人以鼓舞的力量在时时激励自己。

4. 可以对居室进行绿化装饰，而且应以轻松、温柔的格调为主，无论盆花、插花装饰，均以小型为佳，不宜大红大紫，花香也不宜太浓。准妈妈处在被花朵装饰得温柔雅致的房屋里，一定会有舒适轻松的感觉，这有利于消除准妈妈的疲劳，增添情趣。

胎教趣闻：胎宝宝也上大学

胎教作为一种优生优育的措施，无论古今中外都十分重视。当前盛行的“胎宝宝大学”招收妊娠5个月的准妈妈上课，担当教员的有产科医生、心理学家和家庭教育学家。从这所“大学”毕业（出生）的“学生”，其大脑中约有几十个单词和初步的曲调，有的新生儿2周时就会说“哦——哦”“爸爸”等；有的婴儿8周时能对录音机放出的节目说“哈啰”；一个4岁的幼儿已经能听说英语、西班牙语，喜欢跟8～10岁的小孩玩，并懂得照顾自己；有的婴儿刚出生时就会用小手轻拍母亲的脸。这些都是在没有受过胎教训练的婴儿中从未见过的现象。据报道，经过“胎宝宝大学”学习的孩子出生以后，其智力超群率高达71%。

孕9周营养小贴士

从现在开始，准妈妈需要减少食盐量，因为进食盐分太多会加重水的潴留，这对心、肾功能不利，也不利于胎儿的生长发育。本周应该多吃一些健脑的食品，核桃糕、果仁面包都可作为加餐。香草薯泥等小点心可以提供丰富的叶酸。看电视的时候，准妈妈可以准备一杯果汁或牛奶，几片面包，或一些核桃、瓜子，边看边吃，这样可以转移你的注意力，减轻早孕反应。

健脑食品：琥珀桃仁

材料：

核桃仁、白糖各适量。

做法：

1. 锅内放油烧热，倒入核桃仁用中火慢慢炒熟，至白色的桃仁肉微微泛黄沥油捞出；

2. 去锅内的油，放入两勺水烧开，加白糖至融化，倒入核桃仁，慢慢翻炒；

3. 随着水的蒸发，汁会变得越来越稠，直到最后变成糖浆全部裹在桃仁上即可出锅。

孕9周重要提示：保证充足的睡眠，预防浮肿

准妈妈的“肿”问题是孕期最常见的现象。虽然浮肿多发生于孕后期，但是也有不少准妈妈在怀孕初期就有下肢浮肿的情况，特点是晨轻暮重，经过平卧休息，一般都有减轻。准妈妈每天最好能够保证9个小时的睡眠，如果有条件，最好每天能有1小时的午睡。只有休息好了，准妈妈的健康才会得到保障，避免出现浮肿现象，并保持愉快的心情，促进宝宝健康生长。

孕10周

看不出是男孩女孩

胎宝宝的发育细节

本周胎宝宝的大脑发育非常迅速，眼睛和鼻子清晰可见，心脏也完全发育好了，神经系统开始有反应。肝脏、脾脏、骨髓开始制造血细胞。胎宝宝的牙齿也开始成形，到本月末，将会长出20颗小牙苞。外生殖器开始显现，但尚分辨不了性别。现在胎宝宝已经从一个小小的胚胎发育成了人的雏形。

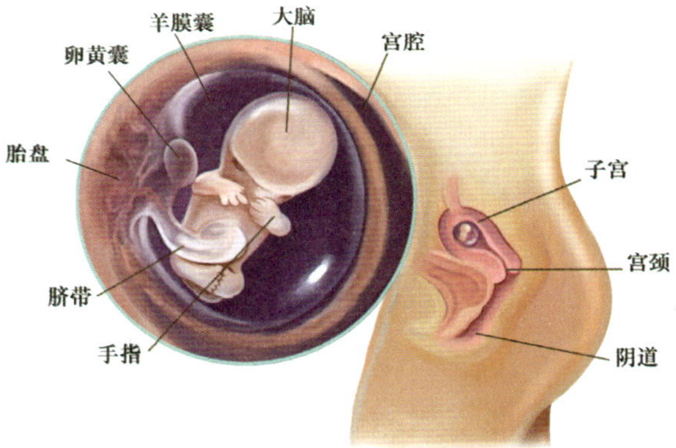

准妈妈的身体变化

现在，准妈妈的子宫已经长到一个大橙子那么大了。胎盘已经成熟，它是支持胎宝宝生长发育的营养大本营。准妈妈的肚子将会越来越大，身体开始变形。乳头上可能会长出白色的小微粒，这些微粒内含有白色的润滑剂，是为母乳喂养做好准备。准妈妈的情绪波动也会很大，神经特别敏感，常会因一点小事而大动肝火。这是孕期雌激素作用的结果。

本周胎教要点

本周，准妈妈应多接受文学和艺术的美的熏陶，除了多听音乐外，还可欣赏美丽的风光，以及阅读优美的散文、童话等，还可以观摩动画片，以此陶冶准妈妈的情操，并对腹中胎宝宝的成长起潜移默化的作用。也可以依据自己的健康状况，练习一些简单的瑜伽动作。尽可能地让内心处于愉悦状态，这对调节体内血液循环、放松机体、解除疲劳很有作用。

音乐胎教：维也纳森林的故事

美妙怡人的音乐还可以刺激准妈妈和胎宝宝的听觉神经器官，促使母体分泌出一些有益于健康的激素，促进胎宝宝健康发育。所以，在孕期听音乐是一个增进胎宝宝智体健康的好办法。这首《维也纳森林的故事》适合于准妈妈在清晨起床时或者疲倦、劳累时倾听，在这片绿意盎然的森林中振奋精神，开始新的一天。

赏析

《维也纳森林的故事》圆舞曲是小约翰·施特劳斯继圆舞曲《蓝色的多瑙河》之后的又一部杰作。

《维也纳森林的故事》描绘了柏树、云杉丛立的森林海洋，林间婉转的鸟鸣，洒在花朵上的阳光，潺潺的流水和欢乐舞蹈的村民们，营造了一幅祥和美好的世外桃源画面，大自然与人和谐相处。齐特尔琴的加入，更使乐曲增添了浓厚的奥地利民族色彩，这种特色乐器拨奏出这首圆舞曲中最主要的一段旋律，轻柔而华美，仿佛晨曦透过浓雾照进维也纳森林，还伴随着鸟儿们婉转的鸣叫。

画个简笔画

心理学家认为，画画不仅能提高人的审美能力，产生美的感受，还能通过笔触和线条，释放内心情感，调节心绪平衡。喜欢画画的准妈妈可亲自画画并上色，画的过程中或画完后可以向胎宝宝说明画的内容。通过这一过程，将会给胎宝宝许多有益的刺激。

绘画并非一定要求画得好，如果你心里想着是在和自己的孩子一起绘画，不管什么样的画，都会跃然纸上。最好和胎宝宝边对话，边画画，例如可以说："宝宝，和妈妈一起画幅画怎么样？今天咱们画幅简笔画吧。看妈妈画得好还是宝宝画得好，比比赛，好吗？"

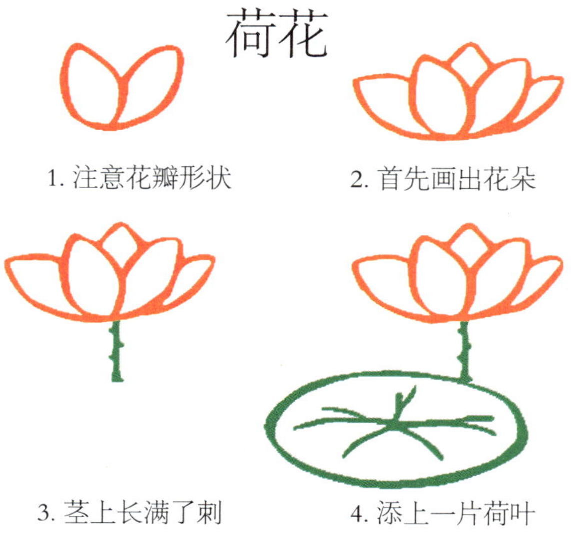

散文欣赏：绿的歌

大自然是绚烂多彩的：蓝色象征着阔大、深远、庄严；红色可以振奋人的精神；而绿色象征着浓郁的春光，蓬勃的青春，崇高的理想和热切的希望。准妈妈，现在随着这篇美文来欣赏多彩的大自然吧！要知道，学会欣赏美，才是真正的热爱生活。

绿的歌

冰心

我的童年是在大海之滨过的，眼前是一望无际的湛蓝湛蓝的大海，身后是一抹浅黄的田地。

那时，我的大半个世界是蓝色的。蓝色对于我，永远象征着阔大，深远，庄严……

我很少注意到或想到其他的颜色。

离开海边，进入城市，说是“目迷五色”也好，但我看到的只是杂色的黯淡的一切。

我开始向往看到一大片的红色，来振奋我的精神。

我到西山去寻找枫林的红叶。但眼前这一闪光艳，是秋天的“临去秋波”，很快的便被朔风吹落了。

在怅惘迷茫之中，我凝视着这满山满谷的吹落的红叶，而“向前看”的思路，却把我的心情渐渐引得欢畅了起来！

“落红不是无情物”，它将在春泥中融化，来滋润培养它新的一代。

这时，在我眼前突兀地出现了一幅绿意迎人的图画！那是有一年的冬天，我回到我的故乡去，坐汽车从公路进入祖国的南疆。小车在层峦叠嶂中穿行，两旁是密密层层的参天绿树：苍绿的是松柏，翠绿的是竹子，中间还有许许多多不知名的、色调深浅不同的绿树，衬以遍地的萋萋芳草。“绿”把我包围起来了。我从惊喜而沉入恬静，静默地、欢悦地陶醉在这铺天盖地的绿色之中。

我深深地体会到“绿”是象征着：浓郁的春光，蓬勃的青春，崇高的理想，热切的希望……

绿，是人生中的青年时代。

个人、社会、国家、民族、人类都有其生命中的青年时代。

我愿以这支“绿的歌”献给生活在社会主义祖国的青年们！

孕10周营养小贴士

在注意控制盐的摄入量时，还要继续吃各种富含维生素和矿物质的食品。猪肝含铁，豆腐含钙，蘑菇含丰富矿物质和维生素，准妈妈可以多吃一些。如果你感到腰酸、腰痛，可以吃一些有安胎养血作用的食疗食品，如乌鸡、蛋黄等。

补铁美食：小炒猪肝

材料：

新鲜猪肝 400 克，蒜 2 瓣，生姜、青辣椒、红辣椒各少许，油、盐、生抽、鸡精、生粉各适量。

做法：

1. 先将洗净的猪肝切片，盛入盘中，再放入适量盐、生抽、生粉搅拌均匀；
2. 大蒜头切片，生姜切末，青辣椒、红辣椒切条状备用；
3. 烧热油，将蒜片、姜末下锅爆香，然后将之前备好的猪肝下锅爆炒至猪肝变色；
4. 下入青红辣椒一起翻炒，加鸡精出锅。

孕 10 周重要提示：忌吃有害食品

忌喝酒，也不宜长期喝浓茶和有咖啡因的饮料，如咖啡、可可、巧克力和可乐等，酒精、咖啡因和兴奋剂都会对胎宝宝有影响。不要吃烧烤、辛辣食物、罐装食品、腌熏制品、味精、鸡精、油条、木瓜、芦荟、杏仁、人参、桂圆、山楂、蛇肉、蛙肉等。不要生吃海鲜、肉类食品、鸡蛋等，熟食也必须彻底加热后再吃。做饭时把熟食和生肉分开切放，处理生肉之后的器具一定要及时清洗，并且一定要洗手。蔬菜和水果一定要多冲洗几遍。

孕11周
胎宝宝进入发育关键期

胎宝宝的发育细节

这个时期，胎宝宝已经很像“小人儿”了，胎宝宝身长和体重都增加了1倍，并以每天1毫米的速度快乐地成长着。因为此期重要的器官都已经发育完全，算是度过了发育的关键期，所以药物影响、受感染或患有各种先天性畸形的概率也大大降低了。这时，能保护眼睛免受光线刺激的虹膜开始发育，肝、肾、肠道、脑、肺等重要器官已经完全形成并开始工作。心脏开始供血，脐带和胎盘开始进行血液交换。此时，小宝宝已经具有打哈欠、吸吮和吞咽的功能了。

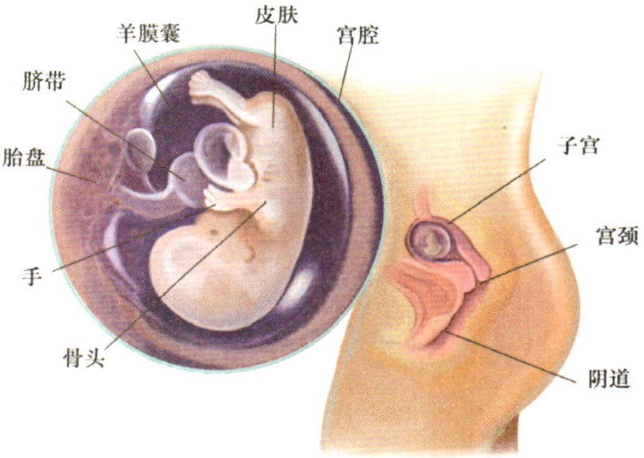

准妈妈的身体变化

准妈妈的子宫现在看起来像个柚子，子宫随胎宝宝生长逐渐增大，宫底可在耻骨联合之上触及到，胎宝宝已经充满了整个子宫。准妈妈体内的血液在增加。正常妇女体内有5升左右血，到分娩时将增加1升——血量几乎增加了20%。在这周准妈妈可能会发现在腹部有一条深色的竖线，这是妊娠纹，也许面部也会出现褐色的斑块，不必太担心，这些都是怀孕的特征，随着分娩的结束，斑块会逐渐变淡或消失。同时准妈妈的乳房更加膨胀，乳头和乳晕的色素加深，同时阴道有乳白色的分泌物出现。

本周胎教要点

现在，准妈妈可能已经渐渐适应了孕期的生活，能够把更多的心思专注到腹中的小宝宝身上了。准妈妈可以尽量多欣赏艺术作品，如参观工艺美术展览、历史文物展览、美术展览等，也可以买些画册，在休息时细细品味。如文艺复兴时期的圣母像以圣母的博爱恬静吸引着人们，准妈妈看了更能体会到为人母的幸福和满足。

名曲欣赏：春江花月夜

在孕早期，准妈妈容易感觉疲惫。这时宜听一些轻松愉快、优美动听的音乐，将准妈妈的忧郁和疲乏消除在音乐之中。比如《春江花月夜》这支曲子，它的乐曲和谐、优美、明朗、愉快，让人仿佛置身于春光明媚、鸟语花香的大自然中。准妈妈在听的过程中会感觉精神愉悦，神清气爽，疲惫也会一扫而光。

赏析

《春江花月夜》是一支典雅、优美的民族管弦乐曲。它宛如一幅美丽的山水画卷，把春天静谧的夜晚，月亮从东山升起、小舟在江面荡漾、花影在两岸轻轻地摇曳的大自然迷人景色，一幕幕地展现在我们眼前，并给人们以美的享受。

本曲适合准妈妈在心情烦躁时听，可以将自己融入到月夜春江的迷人景色之中。这幅色彩柔和、清丽淡雅的山水长卷，会让准妈妈感觉心旷神怡。

爱的手语：爸爸爱你，妈妈爱你

准妈妈和准爸爸一定爱极了自己的小宝宝了吧，那么现在就试着用手语告诉他吧！

1. 爸爸：一手伸拇指贴在嘴唇上。

2. 爱：一手轻轻抚摩另一手拇指指背，表示一种“怜爱”的感情。

3. 你：一手食指指向对方。

4. 妈妈：一手伸食指贴在嘴唇上。

5. 爱你：重复上面“爱”“你”的动作。

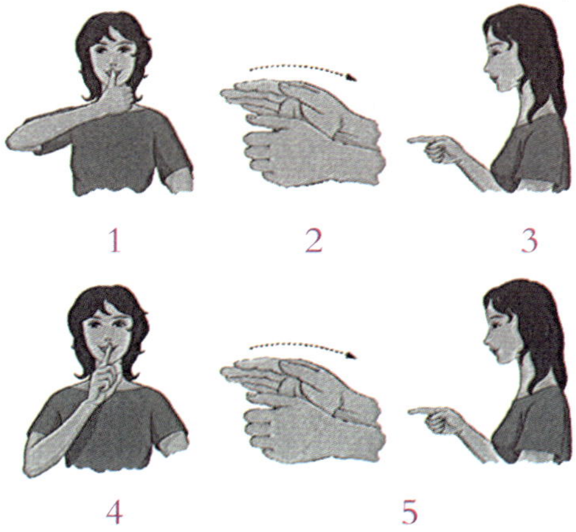

给胎宝宝讲故事：风娃娃

准妈妈定时讲故事给腹中的胎宝宝听，不仅可以培养孩子丰富的想象力，还可以让胎宝宝有一种安全与温暖的感觉。如果准妈妈每天在同一时间一直反复念同一个故事给胎宝宝听，会令其神经系统变得对语言更加敏锐。因此，准妈妈最好每天多读一些书，并把书上的事情讲给胎宝宝听。这篇《风娃娃》很有趣，也很有借鉴意义，准妈妈赶快讲给宝宝听吧！

风娃娃

风娃娃长大了，风妈妈说："到田野上去吧，到那里，你可以帮助人们做许多好事。"

风娃娃来到田野上，看见一个大风车正在慢慢转动，风车下边，一股湍湍细水断断续续地流着。风娃娃深深吸了一口气，鼓起腮，使劲向风车吹去。哈哈，风车转快了！风车下的水流立刻变大了，奔跑着、跳跃着，向田里流去。秧苗儿挺起了腰，点着头笑，风娃娃高兴极了。

河边，许多船工正拉着一艘船前进。船工们弯着腰，流着汗，喊着号子，可是，船却走得慢极了。风娃娃看见，急忙赶过去，用更大的力气对着船帆吹起来。船在水面上飞快地跑起来，船工们笑了，一个个都回过头来，向风娃娃表示感谢。

风娃娃想：帮助人们做好事，真容易，有力气就行。他这么想着，不觉来到一个村子里。那里，几个孩子正在放风筝。风娃娃看见了，赶紧过去帮着吹。他像吹风车那样用力，像吹船帆那样使劲。结果，风筝线吹断了，飞得无影无踪了。

就这样，风娃娃吹跑了人们晾的衣服，折断了路边新栽的小树。

村子里，一片责怪声。风娃娃不敢再去帮助人们做事了，他在天上转着、想着，想来想去，终于明白了：做好事，不但要有好的愿望还得有好的方法。

名画欣赏：圣母子

准妈妈与胎宝宝一起欣赏画作，可以培养胎宝宝丰富的想象力、独创性以及进取精神。准妈妈在看画时，可选那些色彩丰富、富于幻想的图画，用富于想象力的语言以讲故事的形式表达出来。要努力把感情倾注于故事的情节中，通过语气、声调的变化使胎宝宝了解故事是怎样展开的。

《圣母子》是拉斐尔所创作的。看圣母子的脸，我们可以发现，那柔和的轮廓、大大的眼睛、挺拔的鼻子和小嘴，与希腊杰出的雕塑家普拉克西特利斯创作的维纳斯头像有着惊人的相似，这是因为，拉斐尔是文艺复兴时期的一位艺术家，他一直在对古代艺术进行研究。但两者也有不同，拉斐尔把圣母的脸画得更加温柔，他把古代女神的神态画得更精致、更柔和，给这幅古代艺术作品赋予了一种新的基督教的含义。

孕11周营养小贴士

从本周开始，宝宝在今后的6个月中的主要任务就是让自己长得又结实又健康，为将来出生后能够独立生存做准备。此时胎宝宝就要从准妈妈体内摄取大量的钙质。准妈妈每天至少需要1000毫克的钙，如果不喜欢吃奶制品，可以在医生的指导下服用钙片。早孕反应严重的准妈妈，现在尤其注意加强钙和维生素D的补充。现在要多喝牛奶，因为它富含钙质，可以使尿液中的钠排泄增多，降低血容量以消除水肿，还可以防治妊娠高血压，并有益于胎宝宝骨骼的发育。

孕期补钙套餐

下面是提供给准妈妈一天的饮食参考，这个套餐全天可以提供给准妈妈热量2182千卡，蛋白质84.6克、脂肪61.2克、碳水化合物325克、钙985毫克。

早餐	馒头1只（面粉100克）	鲜牛奶250毫升	煮鸡蛋1只
午餐	大米饭（粳米100克）	卤煮牛肉（牛肉75克）	炒鲜香菇油菜（鲜鲜菇50克，油菜150克）
晚餐	米饭（粳米100克）	清蒸鲈鱼（鲈鱼125克）	烧茄子（茄子200克）
水果	橘子1只(200克)	苹果1只(200克)	
加餐	酸奶125毫升	苏打饼干4片(25克)	

孕11周重要提示：孕早期要避免性生活

在妊娠期，准妈妈的子宫较敏感，阴道和子宫黏膜的血管充血、变粗，胎盘的绒毛与子宫内膜的结合不十分牢固，此时如果进行性生活，稍不留意就会使孕妇受伤和出血，严重的还会造成流产。而且精液中含有丰富的前列腺素，它能使子宫及输卵管平滑肌收缩，也可能会导致流产。所以，在怀孕后的前三个月内，准爸妈要尽量避免性生活，如果有性生活，一定要注意保持身体的清洁，否则容易引起细菌感染。

孕12周

胎宝宝有表情了

胎宝宝的发育细节

此时胎宝宝的大脑和各种器官仍在发育，骨头在硬化，手指和脚趾已经分开，指甲和毛发也在生长，声带也开始形成了。胎宝宝的生殖器官开始呈现出性别特征，垂体也开始产生激素。通过仪器观察，你会发现这时的胎宝宝有更令人惊奇的本领，能移动胳膊、手指和脚趾，还能微笑、皱眉和吸吮拇指呢！

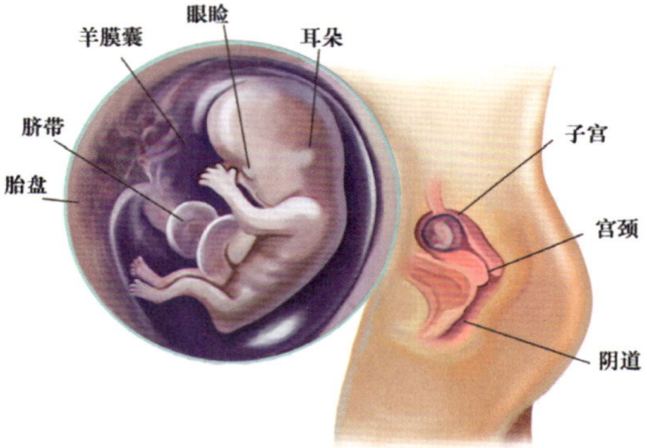

准妈妈的身体变化

准妈妈的子宫随着宝宝的长大逐渐增大，妊娠12周时在肚脐和耻骨联合之间可以摸到子宫上缘。准妈妈胃部的肌肉开始消退，大便更硬，更干燥。由于子宫比较大了，不再能适应它正常的位置——骨盆，它正在向腹部平和地推进。准妈妈的皮肤可能有些变化，脸和脖子上不同程度出现黄褐斑，从肚脐到耻骨出现一条垂直黑褐色妊娠线。由于体内血液增多，心跳也会加快。

本周胎教要点

胎宝宝皮肤的感觉在孕后8周出现，到12周左右便与成人一样发达了。外胚层发育时，有的发育成皮肤，有的发育成大脑，为此有人称皮肤是人的第二大脑。这时，准妈妈经常进行一些轻柔的运动，可使羊水轻轻晃动进而刺激胎宝宝的触觉同时也能促进大脑的发育。准妈妈欣赏一些艺术作品和乐曲，陶冶自己的情操之外，也可让胎宝宝受到熏陶。

动动手，做手影游戏

我们的双手与大脑有着密切的联系，舞动手指也会让大脑得到相应的锻炼，所以准妈妈要多动动手指，同时，也会让胎宝宝受益的。

手影表演不要复杂设备，只要一烛或一灯，甚至一轮明月，就可以展开巧思，通过手势的变化，创造出各种动物的形象，因手影主要作给儿童看，儿童喜爱动物，于是兔子、狗、猫等等就成了手影的主要表现对象。

小狗的手影做法

左手的变作小狗的头部，右手变作它的身子和尾巴，注意你可以灵活地晃动小狗的两只耳朵哦！（小狗：一只哈巴狗，坐在大口，眼睛里黝黝，想吃肉骨头。一只哈巴狗，吃完肉骨头，尾巴摇一摇，向我点点头。）

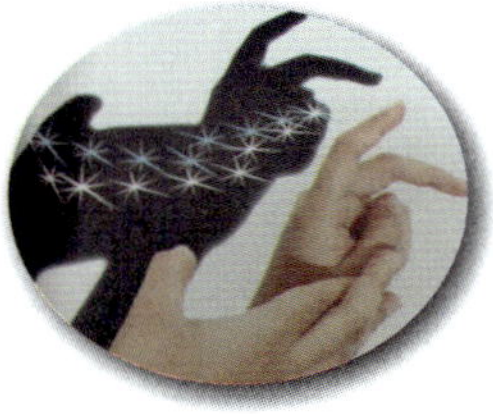

小猪

三指变出的小猪的嘴和鼻子，鼻子一抽一抽、嘴巴一张一合，多憨态可掬呀！（小猪：小猪小猪肥嘟嘟，吃饱就睡呼噜噜，叫它起来它闭起眼，张嘴就说不呼噜，小猪小猪肥嘟嘟，地上打滚粘满泥，叫它起来它闭起嘴，呼噜呼噜呼噜噜。）

孔雀

骄矜美丽的孔雀，只需要一只手就可以摆弄出来了。想想，如何让它作出各种姿势呢？（孔雀：三根羽冠高高立，小小孔雀多神气。突然开屏对我笑，让我看它五彩衣。）

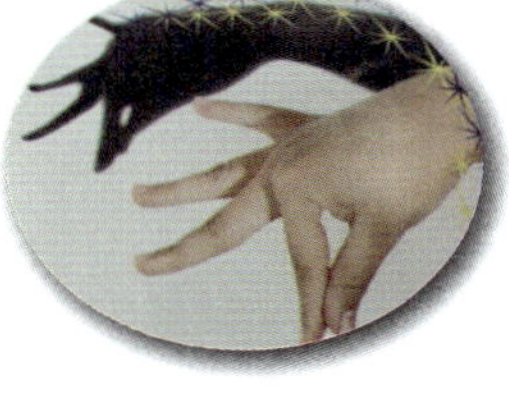

狐狸

狐狸做起来似乎也很简单，可是它在想出坏主意来的时候，眼神是什么样的呢？（狐狸：小狐狸小狐狸真狡猾，想吃公鸡的肉嘎嘎，公鸡不让小狐狸吃，小狐狸气得摇尾巴）

名画欣赏：奔马图

优秀的美术作品能够陶冶人的情操，丰富人的情感，净化人的心灵，提高人的素质。准妈妈精神上的愉悦、自身素质的提高会潜移默化地影响胎宝宝，使胎宝宝也感受到艺术的魅力。这幅徐悲鸿的《奔马图》是中国美术史上的艺术瑰宝，值得准妈妈好好欣赏。

这幅《奔马图》用笔刚健有力，用墨酣畅淋漓。晕染全部按照马的形体结构而施加，墨色浓淡有致，既表现奔马的形体，又不影响墨色的韵味。在这幅画中，徐悲鸿运用饱酣奔放的墨色勾勒头、颈、胸、腿等大转折部位，并以干笔扫出鬃尾，使浓淡干湿的变化浑然天成。马腿的直线细劲有力，有如钢刀，力透纸背，而腹部、臀部及鬃尾的弧线很有弹性，富于动感。整体上看，画面前大后小，透视感较强，前伸的双腿和马头有很强的冲击力，似乎要冲破画面。

给宝宝念童谣

本周，胎宝宝的大脑正处于发育时期，准妈妈可采取适当的训练方法来刺激胎宝宝，使其大脑能够更好地发育。准妈妈可以给胎宝宝讲讲小故事、念念童谣，胎宝宝现在就开始接受教育了。

小蝌蚪

小蝌蚪，直摇头，要找妈妈真发愁！

两条腿，大脑袋，多个尾巴我是谁？

别着急，别流泪，尾巴慢慢变没了。

长出细细四条腿，大大眼睛绿衣服。

原来我是小青蛙！呱呱呱！

找到妈妈笑哈哈。

青蛙

一只青蛙一张嘴，
两只眼睛四条腿，
扑通一声落下水。
两只青蛙两张嘴，
四只眼睛八条腿，
扑通扑通落下水。

大树妈妈个儿高

大树妈妈个儿高，
托着摇篮唱歌谣，
摇啊摇，摇啊摇，
摇篮里的小鸟睡着了。
大树妈妈个儿高，
对着小鸟呵呵笑，
风来了，雨来了，
绿色的雨伞撑开了。

孕12周营养小贴士

这个时期，准妈妈的早孕反应已经过去，胃口渐渐好转。应根据自己的胃口进食，不必刻意多吃或少吃什么。少吃多餐，能吃就吃，是这段时期准妈妈饮食的主要方针。这段时期，如进食的嗜好有所改变也不必忌讳，吃些酸的食品可能会增进食欲。

清凉饮品：草莓绿豆粥

材料：

糯米250克，绿豆100克，草莓250克，白糖适量。

做法：

1. 绿豆淘洗干净，用清水浸泡4小时，草莓摘选干净；

2. 糯米淘洗后与泡好的绿豆一并放入锅内，加入适量清水，用旺火煮沸后，转微火煮至米粒开花、绿豆酥烂时，加入草莓、白糖搅匀，稍煮一会儿即成。

孕12周重要提示：警惕下腹疼痛

在孕12周，如果准妈妈出现下腹疼痛的现象，则要引起警惕，注意检查一下自己是否属于宫外孕了。宫外孕的早期表现是感到下腹一侧有隐痛或酸坠感，妇科检查时会发现子宫增大与妊娠的月份不符合，而且孕早期出现不规则的阴道出血。输卵管破裂时，会有剧烈的下腹疼痛，很快会由于腹腔内大出血导致休克。

PART4 孕4月

享受做母亲的快乐

胎宝宝的小身体，已经能做出反屈、前屈、侧屈和翻转动作，就像一个小小的运动员。

孕13周

胎宝宝可以聆听声音了

胎宝宝的发育细节

如果只看外表，现在的胎宝宝已经完全人模人样了，只是还有一些细节有待发育。比如，肺还没有发育成熟，眼睛和耳朵正在向正常的位置移动，生殖器官也在继续生长。虽然胎宝宝的耳朵还没有发育完全，但是他已经能够聆听声音了。所谓的聆听，就是感受，如果皮肤有了震动，他就会产生反应。

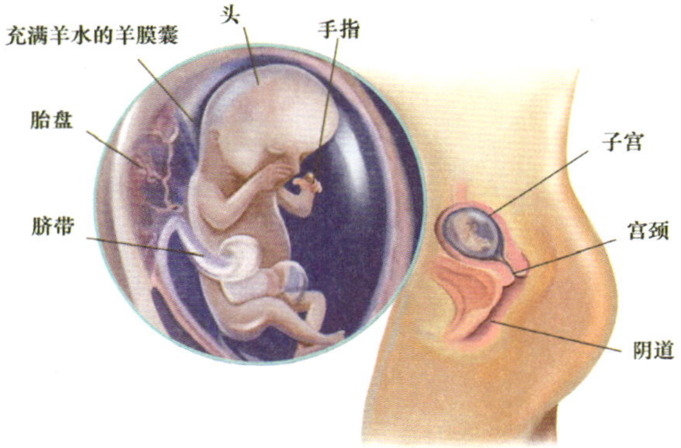

准妈妈的身体变化

本周，准妈妈以往痛苦的孕吐渐渐消失，再过两周甚至更短的时间，准妈妈就彻底不会再感觉恶心了。准妈妈的乳房正迅速地增大，由于腹部和乳房的皮下弹力纤维断裂，大多数准妈妈身上都出现了暗红色的妊娠纹。现在，准妈妈看起来很像个准妈妈了，下腹部轻微隆起，原来的衣服开始变得不合体了。

本周胎教要点

一幅美丽的图片，足以让人展开丰富的联想。为了培养孩子丰富的想象力、独创性以及进取精神，最好的教材莫过于幼儿画册。准妈妈可以将画册中每一页所展示的幻想世界，用自己富于想象力的大脑放大并传递给胎宝宝，从而促使胎宝宝的心灵健康成长。

歌曲欣赏：牧羊曲

准妈妈在欣赏音乐的时候可以用温柔的声音把乐曲中的场景和自己的感受描述给胎宝宝听，或者随着音乐轻声哼唱给胎宝宝听。实际上，比音乐更有效果的，是妈妈的声音，它让胎宝宝最喜欢、感觉最踏实。准妈妈在欣赏这首《牧羊曲》之前，可轻声告诉胎宝宝："宝宝，我们要听音乐了，今天我们听的是《牧羊曲》。

《牧羊曲》是电影《少林寺》中的经典插曲。在欣赏这首歌曲时，听着美妙的歌声，准妈妈一定会感觉自己置身于清秀的山水佳境之中，对歌曲中唱道的"旭日东升，晨钟响鸣，泉水叮咚，羊儿鞭响"的场景，也会有身临其境的感觉。

牧羊曲

日出嵩山坳，
晨钟惊飞鸟，
林间小溪水潺潺，
坡上青青草。
野果香，
山花俏，
狗儿跳，
羊儿跑。
举起鞭儿轻轻摇，
小曲漫山飘，
漫山飘。
莫道女儿娇，
无瑕有奇巧，
冬去春来十六载，
黄花正年少。
腰身壮，
胆气豪，
常练武，
勤操劳。
耕田放牧打豺狼，
风雨一肩挑一肩挑。
风雨一肩挑一肩挑，
一肩挑。

和胎宝宝一起欣赏幼儿画册

准妈妈是否已经为宝宝准备了一大摞的画册呢？现在就去看看画册里的七彩世界和美丽故事吧！利用画册作教材进行胎教时一定要注意，要把感情倾注于故事情节中去。无论讲什么，都要把自己作为故事中的人物来讲，用“自己的语言”，理解了以后再讲给胎宝宝听。

对画册的语言讲解要视觉化，不仅仅是朗读，以便更具体地传递给胎宝宝。例如，图画上画着一只美丽的大公鸡，你就可以给胎宝宝这样描述：“这是一只美丽的公鸡。它浑身披着彩色的羽毛，神气地昂着头，骄傲得就像一个国王。瞧，一些母鸡悠然地踱着步，跟在美丽的公鸡的身后。”

如何选择幼儿画册

准妈妈在外出时可以去书店找一些色彩丰富、内容愉快、富于幻想、情节独特的，能带给人幸福和希望感受的幼儿画册。

像准妈妈小时候读过的《灰姑娘》、《邦比小鹿》、《唐伯大象》等沃尔特·迪斯尼的幼儿画册，或反映自然、动植物生态、科学进步的附有彩色插图和照片的书，以及有关世界上各民族风情或风景、陆海空交通工具等内容的书。

胎教趣闻：育婴父亲

在法国，曾经出现过一股有“新一代父亲”之称的潮流。上至国家官员，下至市井小民，他们都在改变“不负责任的父亲”的形象。

瑞典是全世界公认的准妈妈保护制度最完善的国家。瑞典政府规定，男人至少享有半年的育婴假，而且可以领取九成薪金。生儿育女成了初为人父的男子的必修课。每年大约10万男人参加为期7周的产前训练。瑞典首都斯德哥尔摩卡罗林斯卡医院的一位教授说：“通过这样的训练，可以使未来的父亲感到自己在生儿育女中也占有一席之地，从而和妻子共享创造生命的快乐。”

胎教故事：月亮花

给胎宝宝讲故事，是胎教的一个重要内容。准妈妈在怀孕期间，应该有意识地排除不良意识和联想，尽量多想些美好的事情，将善良、温柔的母爱用语言体现出来，用全身心的爱呵护胎宝宝的成长。

月亮花

夜睡着了。月亮花开了。

只有这个时候，她才肯开。因为，她不愿惊动任何人。是啊，夜睡着了。一切都睡着了。她静悄悄地开了。

她一开，那满天的星星便围拢过来。那些星星是一颗颗灿灿的露珠，滴落在她的花瓣上。

星星们落在草丛里，草地就湿了。

星星们落在水面上，没有睡着的鱼儿们就会变得不安分起来了。整夜整夜，水面上“泼刺泼刺”的声音不断，那是鱼儿吞咽的声音。可是，满河里都是星星，怎么能吃得完呢？

月亮花开了。她是跳着舞，一路轻盈而来的。跳过山头，跳过树梢，跳过屋顶，她来了。她在光滑的窗玻璃上跳舞的时候，孩子们已经睡着了。不过，在梦里可以感觉到。看见窗上的冰花，孩子们就知道，那是月亮花的脚印。月亮花开了，她的香气飘满了整整一夜。蟋蟀闻着了，于是整夜整夜在墙角咳嗽。太香了，太香了，实在是太香了。

月亮花是世界上最美的花儿。可惜，她的花期太短了，只开一夜就凋谢了。当她的花瓣纷纷落地的时候，地上就又开满了花。花开花落多有意思啊。

孕13周营养小贴士

现在准妈妈的食欲增加了，胎宝宝的营养需求也加大了，为了胎宝宝的健康成长，准妈妈可以解放自己，全面地摄取各种营养，吃各种平时喜欢但因为担心发胖而不敢吃的东西。解除“禁食”时有一个原则：再好吃、再有营养的食物都不要一次吃得过多、过饱，或一连几天大量食用同一种食品。准妈妈可以适度增加脂肪和含淀粉丰富食物，以增加能量，保证胎宝宝生长需要。

营养素食：香菇冬笋卤肉饭

材料：

带皮五花猪肉100克，大米150克，冬笋2根，香菇5朵，大蒜2瓣，干辣椒适量，酱油、料酒、冰糖、花生油、胡椒粉各少许。

做法：

1. 五花肉、冬笋、香菇切丁，大蒜、干辣椒切碎；
2. 大米洗净放入电饭锅中，加适量水煮熟；
3. 炒锅内放油，放入大蒜、干辣椒炒出香味；
4. 放入五花肉煸炒，再放入冬笋、香菇。放入调料炒匀后放入适量开水焖煮。焖熟后收汁，配上米饭一起吃。

孕13周重要提示：警惕孕期腹泻

在怀孕时，身体对食物中以细菌或化学添加剂形式存在的毒素的反应会更敏感。只要有一点点提示，身体就会尽可能地排出有害的食物。孕期腹泻对准妈妈来说是个危险的信号，它有可能导致流产或早产，所以千万不能忽视。

准妈妈腹泻时，主要治疗措施是给准妈妈适当补液，补足准妈妈体内因腹泻丢失的水分和电解质，尤其是钾离子；补充因腹泻而失去的热量；同时要密切观察胎宝宝情况是否良好，有无早产或流产的征兆，并遵医生嘱咐尽早选择高效对症的抗生素予以治疗。准妈妈使用抗生素应由医生指导，不要自行随意用。

孕14周
胎宝宝开始活动了

胎宝宝的发育细节

胎宝宝现在的生长变化可是日新月异，胎盘已经是胎宝宝食物的供应基地。他现在已经能弯曲、伸展手和脚的各个关节了。头发也开始生长了，神经系统的作用也开始发挥到位。胎宝宝已经开始了吸气和呼气的练习，这是在为子宫外的生活打基础。

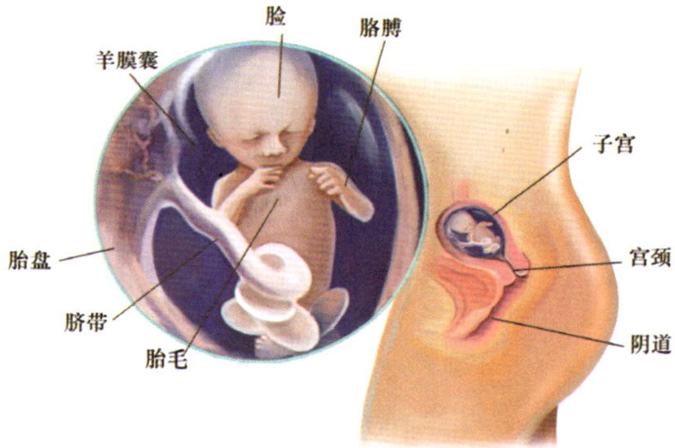

准妈妈的身体变化

本周，准妈妈孕早期的疲劳、恶心以及尿频都已经减少。准妈妈的子宫开始增大，腹部也渐渐隆起。由于胎宝宝的成长需要更多的营养成分及氧气，所以，准妈妈的心脏负荷达到了准妈妈所能承受的最高值。准妈妈现在体内雌激素水平较高，盆腔及阴道充血，阴道分泌物增多。准妈妈的皮肤偶尔会有瘙痒的症状出现，但是不会出现肿块。

本周胎教要点

这一周的胎宝宝生长发育快，听觉能力有了明显的提高，音乐胎教的内容也要更为丰富。如钢琴独奏曲、低音歌声或乐曲之类。准爸爸低音唱歌或者哼一些曲调，胎宝宝会更容易接受。本周，准妈妈也可以听一些能消除疲劳的音乐。

散文欣赏：飞不走的蝴蝶

这是美国作家玛丽·格丽娜一篇赞美母亲的散文。这篇文章情意绵绵，饱满的感情张力也很容易感染人，还能带给准妈妈安静和祥和。当准妈妈累了的时候，准爸爸不妨为胎宝宝和和妻子朗诵这篇文章，让妻子在倾听朗诵的时候放松自己的心情，也让胎宝宝在充满爱意的氛围中安静地成长。

飞不走的蝴蝶

妈妈，蝴蝶是飞不走的，你的斜条纹的衣裙，没有洒上我们伊里亚那人梦中的香水，但是，妈妈，蝴蝶是不会飞走的。

你的慈爱是圣那安露一片低缓的谷地上，静默开放着的天竺花。当风吹来又逝去的时候，你就只有沉默了。当一群黄莺匆匆忙忙地摇振翅翼，你就只有孤独了。而当一只有油画颜色的蝴蝶飞进你的柔情，妈妈，你的眼睛像风岛上明亮的灯光。

你曾对父亲说，要给所有的人以爱，他纠正说：不，是慈爱。那以后不久，你就拥有一位带着克朗镇风味的女儿。

记得你叫过我猫咪，我叫一声就跑开了。你还叫过我法绒犬，后来，我真的像犬一样地独自在家园外遥远的路途上逡巡。

妈妈，那一次的外出好险呵，我刚刚读完一篇《为爱喝彩》，结果，在傍晚，你和父亲几乎和夕阳一道找遍整个地球。

深夜，你又重新唱起了歌："飞走的蝴蝶呵，留下一片花园在悲怆。"

妈妈，想起因年轻而萌发的草率，即使你不是温馨的花园，我却已经是一只懂事的蝴蝶，一只再也飞不走的蝴蝶。直到你枯萎，直到我变成空气中一粒微不足道的尘埃，我也是伊里亚那那一座叫做安妮的花园里一只飞不走的蝴蝶。

音乐胎教：童年情景——梦幻曲

怀孕中期，准妈妈可以多听一些欢愉的音乐。音乐对于胎宝宝的智力开发有着特殊的功能。孕期多听音乐，还可以陶冶胎宝宝的艺术情操，也可以帮助准妈妈调节心情。本周推荐给准妈妈的是舒曼的《童年情景——梦幻曲》，这首曲子甜美、温馨，会让准妈妈深深地陶醉。

赏析

《童年情景》是描绘对童年美好记忆的作品，《梦幻曲》是其中第7首，在短短两分半钟之内，用纯粹的钢琴，描写了孩子们玩累了，躺在妈妈身边，一边听着母亲的催眠曲，一边想象着各种奇幻梦境，最后轻轻柔柔地沉入梦乡的画面。

准妈妈在听这首曲子的时候可以在脑海里进行一些想象，可以是配合音乐情绪的一些画面，也可以是自己编撰的有画面的故事，要知道这些情境都能够从准妈妈的脑海里进入胎宝宝的记忆里。

胎教趣闻：3岁的小神童

某报曾刊登过一篇特写，说的是某家出了个3岁小神童，对文学、音乐、自然、外语等充满了兴趣，尤其善于用词。其母告诉记者，这孩子的“神”可能是她怀孕时准备研究生毕业论文的“副产品”，因为当时她每天都要听外语、背诗词名著之类，而且将听音乐作为她发愤苦读之余的一种休息方式，以致于“无心插柳柳成阴”，孩子在胎宝宝期便受到母亲经常用脑的影响准——妈妈经常用脑可接受多种信息，这种信息通过多种途径又影响胎宝宝，并“灌输”到胎宝宝大脑中，母亲的这种强烈的求知欲也相应“遗传”给了孩子，孩子出生后自然而然地对世界充满好奇，对感兴趣的事物寻根溯源，乐此不疲。

名画欣赏：竹

与胎宝宝一起欣赏名画，可以启迪胎宝宝对艺术的感觉。准妈妈最好平时多看一些自己喜欢的画，因为这样的画往往胎宝宝也喜欢。

郑板桥这幅《竹石图》，先以淡墨绘制远伸的竹叶，再以稍浓的墨色提取竹叶，无限地增添了竹叶的空间感和厚度感，竹枝以篆书为之，遒劲有力，枝叶以草书中锋书写，潇洒流畅，形成鲜明的对比。这种丛生植物成为板桥理想的幻影。

孕14周营养小贴士

这个时期，准妈妈要适当增加蛋白质、维生素、铁和叶酸等含量比较丰富的食物摄入，以保证血红蛋白合成的需要。每周吃 1 ～ 2 次动物的肝脏，每天吃一个鸡蛋，可以有效补充有机铁。如果准妈妈感觉有轻微的胃酸反应，可以少吃一些薯类、豆类的食物及糖，以避免产生过多胃酸。

补铁美食：蛋黄南瓜

材料：

小南瓜 1 个，咸鸭蛋（熟）2 ～ 3 个。

做法：

1. 把南瓜削皮，切成像薯条似的长柱条，备用；

2. 锅内放油，把南瓜条稍微炸一下，火候不要太大，南瓜条稍微软点就捞出来控油；

3. 把多余的油倒出来，然后锅内留少许油，把捣碎后的鸭蛋黄放进去翻炒，待蛋黄呈膨胀状，把南瓜条倒进去，和蛋黄充分混合翻炒至熟；

4. 加少许盐、味精，翻一下即可出锅。

孕 14 周重要提示：合理补钙

本周，胎宝宝骨骼发育所需要的钙大大增加，准妈妈摄取的钙除需要满足自身需要外，还要供应胎宝宝所需，故钙的摄入量应增加。中国营养学会推荐，妊娠头 3 个月与未怀孕时一样，每日需要量为 800 毫克。随着胎宝宝的发育，怀孕中期（4 ～ 6 个月）为 1000 毫克，孕后期（7 ～ 9 个月）为 1500 毫克，乳母期为 1500 毫克。

因此，准妈妈要在饮食上增加奶制品、豆制品、小虾皮、深绿色蔬菜等含钙丰富食品的摄入，必要时通过钙片补钙。值得注意的是，钙片不可服用过多，否则容易造成胎宝宝颅缝过早闭合导致难产，甚至会使胎盘过早老化引起胎宝宝发育不良；另外，尤其要注意矿物元素之间的平衡，否则容易顾此失彼。

孕15周

胎宝宝能听到妈妈的心跳

胎宝宝的发育细节

本周，胎毛已经布满了胎宝宝的全身，并辅助他调节体温。胎宝宝的眉毛也和头发一样在零星地生长。听觉器官还在发育之中，暂时他还听不懂话语的含义，但他能通过羊水的震动感受到声音，能听到妈妈的心跳。

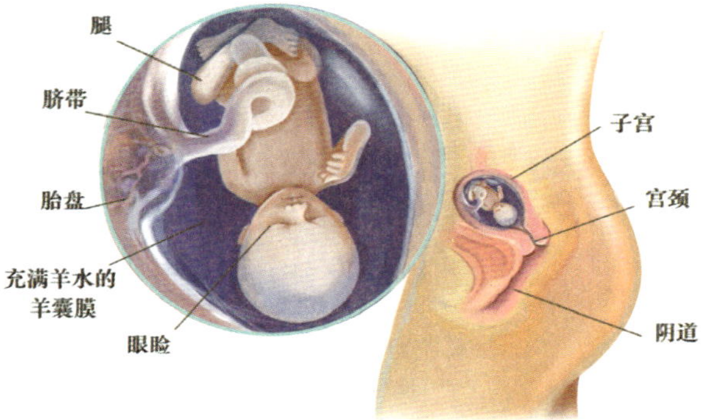

准妈妈的身体变化

本周，准妈妈的子宫继续长大，并已经长出骨盆，肚脐下会有明显的凸痕，准妈妈可以在肚脐下方7.6 ~ 10厘米的位置摸到自己的子宫。虽然体内激素急剧上升的状态已经减缓，但准妈妈可能仍会感到比怀孕前更脆弱、敏感和易怒。随着孕周的增加，准妈妈的心肺功能负荷增加，心率增速，呼吸加快加深，有可能会加重原有的焦虑情绪。

本周胎教要点

在胎宝宝大脑不断完善的第15周，胎宝宝应该从母体中得到足够多的新鲜氧气。胎教专家告诉准妈妈们，多到大自然中走一走，大自然中新鲜的空气给胎宝宝提供了充足的氧气，有利于胎宝宝的大脑发育。郊外、公园、田野、海滨、森林等场所富含对人身健康极其有益的负离子，对胎宝宝的大脑发育有极大的好处。

去野外郊游吧

胎宝宝在母体内长到 4 个月时，就有了种种感觉，环境对胎宝宝的健康发育很重要，因此，准妈妈要投入到大自然中去欣赏、去感受，让腹中的小宝宝早日受到美的熏陶。

假日里，准妈妈可与丈夫或者亲朋好友一起去郊外游玩，也是一种呼吸新鲜空气的好方式。

多欣赏大自然的美，不仅可以使人得到休息、娱乐并伴以幽静、清爽、舒服之感，还可以使人大开眼界，增长知识，增添青春的活力，这些都是极有利于准妈妈和胎宝宝的身心健康的。

温馨提示

现在，用心感受你与胎宝宝的联系，用心去感受自己的心脏与胎宝宝的心脏正以相同的节奏在跳动。暂停一下呼吸，倾听胎宝宝的心跳声。把手掌搁在肚子上，感觉自己将关爱与活力一波波地传递给宝宝。

歌曲欣赏：雪绒花

准妈妈看过电影《音乐之声》吗？看过这个电影的准妈妈一定会对电影中美妙动听的音乐印象深刻。现在，准妈妈就来听一听这部电影中的插曲《雪绒花》吧！准妈妈也可以边看电影，边学着哼唱这首小曲子。电影感人，音乐也是同样优美动听，相信胎宝宝也会非常喜欢的。

雪绒花

雪绒花，雪绒花，
每天清晨迎接我。
小而白，纯又美，
总很高兴遇见我。
雪似的花朵深情开放，
愿永远鲜艳芬芳。
雪绒花，雪绒花，
为我祖国祝福吧！

戏曲欣赏：京剧《玉堂春》

京剧的造型是有气势的，有的父母会让孩子学京剧作为课余爱好。准妈妈，以后希望自己的胎宝宝学京剧吗？或者，现在就问问他的意见：宝宝，你觉得学京剧怎么样？

京剧简介

京剧形成于北京，时间是在1840年前后，盛行于二十世纪三、四十年代，时有“国剧”之称。现在它仍是全国最有影响力的大剧种。它的行当全面、表演成熟、气势宏美、韵味醇厚，是近代中国戏曲的代表。京剧舞台艺术在文学、表演、音乐、唱腔、锣鼓、化妆、脸谱等各个方面，通过无数艺人的长期舞台实践，构成了一套互相制约、相得益彰的格律化和规范化的程序。

《玉堂春》剧情

《玉堂春》不仅是京剧旦角的开蒙戏，还是中国戏曲中流传最广的剧目之一。此剧是清代花部乱弹作品，作者不详，故事见冯梦龙编订的《警世通言》卷二十四《玉堂春落难逢夫》，《情史》卷二中也记载有此事。

明朝，名妓苏三（玉堂春）与吏部尚书之子王景隆结识，发誓白头偕老。后来，王景隆钱财用尽，被老鸨轰出妓院。苏三私赠银两……老鸨把苏三骗卖给山西商人沈燕林作妾。沈燕林的妻子嫉妒苏三，便设毒计害她，不料却让沈燕林误食毒面而死，苏三被诬告杀人，定为死罪。起解途中，解差崇公道同情苏三，将苏三认为义女……王景隆考取官职后，任山西巡按，调审此案，知道这名犯人即为苏三……后来得到潘司潘必正、臬司刘秉义的帮助，与苏三团圆。

学做美丽剪纸吧

《叶氏竹林女科》中说“宁静即胎教”,这充分说明在怀孕期间,准妈妈保持好的心情、平和的心态是多么重要。而剪纸就是这样怡情养性的运动。经常做剪纸运动,可以调整准妈妈的心态,使准妈妈很安静地专注于这项运动,同时由于剪纸属于精细动作,能锻炼准妈妈的大脑。

工具/原料

彩色宣纸、剪刀、订书机、缝纫机、刻刀。

步骤/方法

1. **准备:**分别取两张色纸。对叠两次。每份合成四层。或取八张色纸分两份用书钉订好。

2. **描图:**用铅笔仔细地把图画好。突出兔子的大长耳朵及腿部。

3. **剪制:**剪兔子时腿部不用锯齿纹做皮毛的装饰。装饰只用在耳朵及头部。这样是为了突出毛绒绒的大耳朵(见图)。

民间剪纸中与兔子相互组合的多以萝卜、白菜、花卉为主。常见的传统题材中有《鹰踏兔》《蛇盘兔》等,追溯民俗根源,这些题材与联姻结合有关:鹰、蛇代表男性,兔子代表女性。

孕15周营养小贴士

现在准妈妈一定胃口大开，但是需要注意的是，含咖啡因的饮料和食物会影响胎宝宝大脑、心脏、肝脏等器官的发育；辛辣食物会引起便秘；高糖食物会令人超重，诱发孕期糖尿病；一些含有添加剂和防腐剂的食物可能导致畸胎和流产。这些食物对准妈妈和胎宝宝都有不同程度的影响，因此在孕期要注意少吃。为了口腔健康，一定减少吃糖的次数，尤其是午休和晚上睡前不要吃糖。多吃一些芹菜、萝卜等含粗纤维的蔬菜或苹果，对清洁口腔有利，而且充分地咀嚼可以起到锻炼牙齿、按摩牙龈的作用。

爽口美食：芹菜炒香干

材料：

芹菜300克，香干3块，盐、白糖适量。

做法：

1. 将芹菜摘洗干净后拍打切成寸长的段，将香干直接切成丝；
2. 往锅中放入一定的油，烧至四成热，将香干放入炒出香味；
3. 倒入芹菜，翻炒几下之后，调入盐和糖，炒匀后大火爆炒10秒钟即可。

孕15周重要提示：进行唐氏综合征筛查

在孕15周时，准妈妈要记得做一次唐氏筛查，即唐氏综合征产前筛选检查。唐氏综合征又称先天性痴呆或智障，是一种最常见的染色体疾病。一般人类细胞的染色体对数应该为23对（46条），一半来自父亲，一半来自母亲。其中22对常染色体，1对性染色体。唐氏综合征的病因就是在患者的第21对染色体上多了1条染色体，所以又称21三体综合征。

在检查后的1周内准妈妈即可拿到筛查结果，一般医院定的正常值标准是“小于1/270”，如果“大于1/270”就是高危，但是准妈妈如果是高危也不用惊慌，还需要进一步做羊膜穿刺或绒毛取样检查才能明确诊断。

孕16周

胎宝宝已经分出性别啦

胎宝宝的发育细节

胎宝宝的胳膊和腿已经长成，关节也能灵活活动，骨头也硬化，呈现出暗红色。胎宝宝的神经系统已经能指挥他协调运动了，比如翻身、翻跟头、踢脚。但这些激烈的活动准妈妈可能还感觉不到，因为羊水缓冲了他的动作。现在已经可以通过B超分辨出宝宝的性别，也可以检测羊水判断宝宝是否健康。

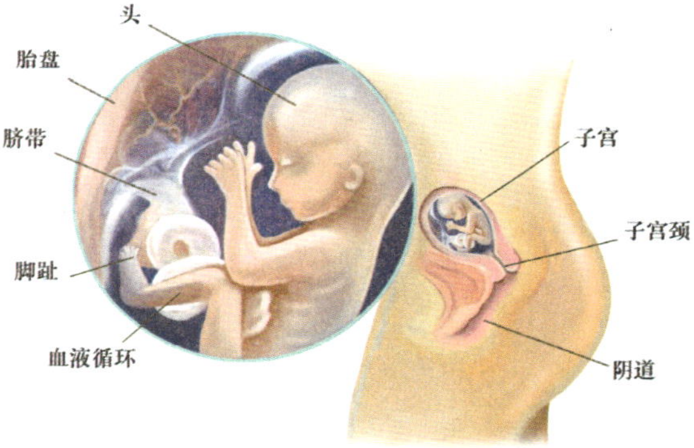

准妈妈的身体变化

从16周开始，有的准妈妈可能会感觉到明显的胎动。第一次怀孕的准妈妈，可能胎动来的还要晚一些。这个阶段胎宝宝的发育非常迅速，准妈妈在这时对铁的需求量增加了近4倍。到本周，准妈妈的子宫已经约250克了，羊水也继续增加，约有250毫升。血量和羊水的增加、胎盘和胎宝宝的支撑系统以及变大的胸部使准妈妈的体重大大增加。

本周胎教要点

胎宝宝在4个月时，脑已形成，能够感觉到声音，开始会用自己的耳朵，去倾听外界的或是来自母体的声音。由于胎宝宝还没有关于这个世界的认识，不知道父母与他谈话的内容，只能感觉到声音的波长和频率，而且，他并不是完全用耳听，而是用他的大脑来感觉，接受着母体的感情。所以，在与胎宝宝对话时，准妈妈要使自己的精神和全身的肌肉放松，精力集中，呼吸顺畅，排除杂念，心中只想着腹中的宝宝，把胎宝宝当成一个站在面前的活生生的孩子，然后娓娓道来，这样才能收到预期的效果。

童话故事：小兔学长跑

这周，准妈妈可能已经觉出胎动了，现在正是胎教的好时机。准妈妈多和胎宝宝说说话把，或者用温柔的语言给他讲故事听。本周推荐给准妈妈的故事是《小兔学长跑》，可以给胎宝宝启迪哦！

小兔学长跑

小兔灰灰跟着马老师学习长跑。马老师带着灰灰一边跑一边讲解，他们穿过了一片小树林，又越过了一座小山坡，不久灰灰就累得汗流浃背了。他多么希望能够停下来，好好休息一会儿啊。

灰灰渐渐落后了，一不小心被一根树枝狠狠地绊倒在了地上。这一下可摔得不轻，连新裤子都磕破了，灰灰痛得大声哭了起来。马老师听到哭声马上返了回来，说："灰灰，坚持才能胜利，遇到一点困难就退缩肯定不行。"

灰灰听了老师的话，从地上站了起来，树上的小鸟也鼓励道："灰灰，加油！你一定会成功的。"灰灰点了点头，擦干眼泪继续向前跑。

后来呀，哭鼻子的小兔灰灰在森林运动会上赢得了长跑冠军，他可高兴啦！

给宝宝做些衣物吧

准妈妈在孕期，有时候会觉得无聊，不如做点手工吧！准妈妈可以利用每天的空闲时间为宝宝缝制小鞋、小袜、小衣服、小帽子，一边一针针缝入母亲的爱心，一边温柔地和胎宝宝说话，这种心情是到婴儿用品店购物所体会不到的。等宝宝出生的时候可以把这些衣物作为礼物送给宝宝。

音乐胎教：四季

本周，胎宝宝已经有听觉了，是进行音乐胎教的最好时机。所以准妈妈一定要多听听音乐，现在，准妈妈就来欣赏一下这首巴洛克的《四季》吧！

赏析

这首曲子是巴洛克音乐最重要的代表作之一。而巴洛克音乐非常注重音乐形式上的表现和创造，特别能让准妈妈达到宁静、赏心、抒怀的境界，是最合适的胎教音乐。本曲"春"大地迎春，鸟儿欢畅，春雷隆隆，春雨沙沙。雨过天晴，牧羊人在温暖的阳光下打盹，中提琴奏出犬吠声，仙子与牧羊人翩翩起舞，一派悠闲安适的田园风光。通过这细腻和美的协奏曲，准妈妈可感受到春天万物复苏、生命萌发的景象。而对于准妈妈来说，现在也正是生命中的春天。

诗歌欣赏：你是人间的四月天

这是一代才女林徽因写给爱子梁从诫的一首诗。四月是四季中最美好的一个月，蕴涵着春天的蓬勃力量。孩子就是春天的星、嫩芽的鹅黄，是一树花开，是梁间燕子……是世界上所有美好的事物中最耀眼的那一个。可见，孩子在母亲的眼中是多么地珍贵，母爱是多么地热烈。

你是人间的四月天

林徽因

我说你是人间的四月天；
笑音点亮了四面风；
轻灵在春的光艳中交舞着变。
你是四月早天里的云烟，
黄昏吹着风的软，
星子在无意中闪，
细雨点洒在花前。
那轻，那娉婷，你是，
鲜妍百花的冠冕你戴着，
你是天真，庄严，
你是夜夜的月圆。
雪化后那片鹅黄，你像；
新鲜初放芽的绿，你是；
柔嫩喜悦，
水光浮动着你梦期待中白莲。
你是一树一树的花开，
是燕在梁间呢喃，
——你是爱，是暖，是希望，
你是人间的四月天！

孕16周营养小贴士

核桃富含不饱和脂肪酸、磷脂、蛋白质等多种营养素，并有补气养血、温肺润肠的作用。核桃的营养成分对于胚胎的脑发育非常有利。在本周，准妈妈每天应吃2～3个核桃。芝麻富含脂肪、蛋白质、糖、芝麻素、卵磷脂、钙、铁、硒、亚油酸等，具有健脑、抗衰、美容的功用。准妈妈常吃核桃、黑芝麻，不但能增强准妈妈的抵抗力及预防感冒，又可防止宝宝将来患皮肤病。

胎宝宝益智食谱：核桃糖

材料：

核桃仁、黑芝麻各250克，红糖500克。

做法：

1. 将核桃仁、黑芝麻洗净，入锅用文火炒香，再把红糖加水适量，搅匀；

2. 红糖水入锅用旺火煮沸，再用文火熬稠，加入核桃仁与黑芝麻，迅速搅拌均匀；

3. 倒入涂有香油的盘，待凉后切块食用。

孕16周重要提示：记录第一次胎动

有些准妈妈在本周能够感觉到“第一次胎动”了。这个时候的宝宝运动量不是很大，动作也不激烈，准妈妈通常觉得这个时候的胎动像鱼在游泳，或是“咕噜咕噜”吐泡泡，跟胀气、肠胃蠕动或饿肚子的感觉有点像，没有经验的准妈妈常常会分不清。如果感觉到第一次胎动，记得记录下时间哦，下次产检的时候告诉医生。

PART5 孕5月

那是宝宝在舞蹈

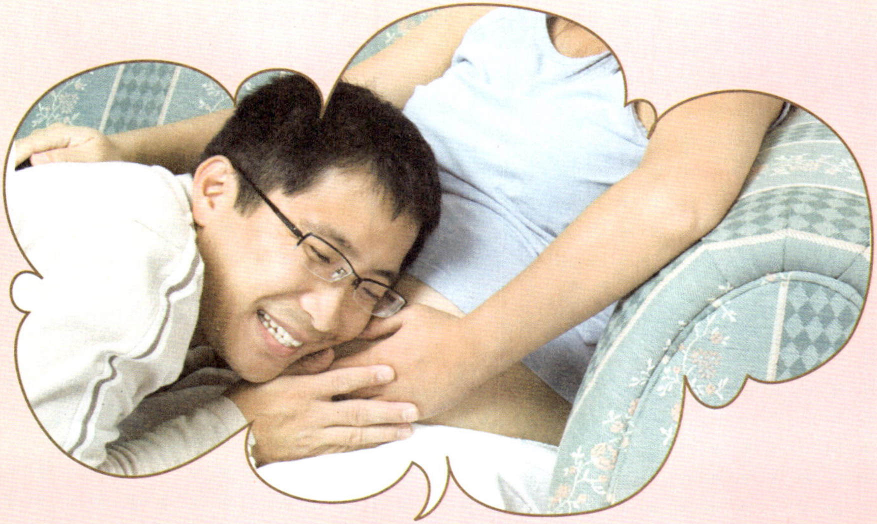

胎宝宝这个月进入活跃期。

孕 17 周

胎宝宝开始胎动了

胎宝宝的发育细节

这一周胎宝宝的头发、眉毛、睫毛已长出了很多，手指甲和脚趾甲也清晰可辨。他已经能对外界的声音做出反应了，有时听到有节奏的音乐还会手舞足蹈。如果准妈妈留心些，这时就能真实地感觉到胎动了。

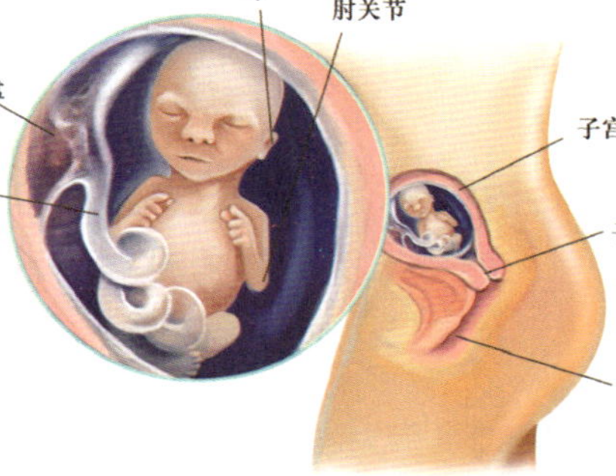

准妈妈的身体变化

本周，准妈妈的小腹更加突出，必须穿上宽松的孕妇装才会觉得舒适。准妈妈的体重比孕前最少长了 2 千克，有的准妈妈甚至长了 5 千克。乳房变得更加敏感、柔软，甚至有些疼痛。在肚脐和耻骨之间触摸的时候，能够感觉到有一团硬东西，这就是子宫的底部。有时准妈妈可能感到腹部一侧有轻微的触痛，这是因为子宫在迅速地增长。如果准妈妈感觉到了下腹像有一只小虫似的一下一下地蠕动，或者感觉像小鱼在腹中游动，这就是胎动了。

本周胎教要点

从本周起，孕期最有意思的时期开始了，现在准妈妈可以与胎宝宝进行交流，把握时机，良好的亲子关系从现在起就可以建立了。现在是胎教的最佳时期，胎宝宝可以听到你的各种声音，胎宝宝最喜欢听到的就是妈妈温柔的说话声，你得从现在开始，好好规划对宝宝的教育啦！

散文欣赏：荷塘月色

现在，胎教最好的时机来了。在这一周，准妈妈一定要多和胎宝宝说说话，也可以多读一些散文，一来调养心神，二来培养胎宝宝的语感。比如这篇朱自清的《荷塘月色》，就是一篇很不错的美文，准妈妈读时一定有身临其境之感。

荷塘月色（节选）

朱自清

曲曲折折的荷塘上面，弥望的是田田的叶子。叶子出水很高，像亭亭的舞女的裙。层层的叶子中间，零星地点缀着些白花，有袅娜地开着的，有羞涩地打着朵儿的；正如一粒粒的明珠，又如碧天里的星星，又如刚出浴的美人。微风过处，送来缕缕清香，仿佛远处高楼上渺茫的歌声似的。这时候叶子与花也有一丝的颤动，像闪电般，霎时传过荷塘的那边去了。叶子本是肩并肩密密地挨着，这便宛然有了一道凝碧的波痕。叶子底下是脉脉的流水，遮住了，不能见一些颜色；而叶子却更见风致了。

月光如流水一般，静静地泻在这一片叶子和花上。薄薄的青雾浮起在荷塘里。叶子和花仿佛在牛乳中洗过一样；又像笼着轻纱的梦。虽然是满月，天上却有一层淡淡的云，所以不能朗照；但我以为这恰是到了好处——酣眠固不可少，小睡也别有风味的。月光是隔了树照过来的，高处丛生的灌木，落下参差的斑驳的黑影，峭楞楞如鬼一般；弯弯的杨柳的稀疏的倩影，却又像是画在荷叶上。塘中的月色并不均匀；但光与影有着和谐的旋律，如梵婀玲上奏着的名曲。

荷塘的四面，远远近近，高高低低都是树，而杨柳最多。这些树将一片荷塘重重围住；只在小路一旁，漏着几段空隙，像是特为月光留下的。树色一例是阴阴的，乍看像一团烟雾；但杨柳的丰姿，便在烟雾里也辨得出。树梢上隐隐约约的是一带远山，只有些大意罢了。树缝里也漏着一两点路灯光，没精打采的，是渴睡人的眼。这时候最热闹的，要数树上的蝉声与水里的蛙声；但热闹是它们的，我什么也没有。

环境胎教：走进大自然

选一个风和日丽的日子，带着宝宝一起去户外，听听来自大自然的天籁之音吧！这时，准妈妈可以唱一支动听的歌，也可以让准爸爸在空旷的绿野里来一曲纯粹的山歌，或者谁也不唱，就静静地手牵手，听小鸟啁啾，听小溪哗啦啦的声音，听树叶沙沙的响声，听田野里的蛙鸣……准爸妈还可以告诉肚子里的胎宝宝，发哗哗声的是一条什么样的小溪，小溪边有一片什么颜色的不知名小花……这种和谐的感觉是制作多么精良的CD都无法比拟的。

在欣赏秀丽的大自然田园景色的同时，未出世的胎宝宝也会受到益处，有时胎宝宝还会在母腹中手舞足蹈，以表示感激之情呢！

总之，大自然是无限美妙的。多欣赏大自然的美，不仅可以使人得到休息、娱乐，有幽静、清爽、舒适之感，还可以使人大开眼界，增长知识，增添青春的活力，这些都是极有利于准妈妈和胎宝宝的身心健康。

语言胎教：与胎宝宝对话

准妈妈腹中的胎宝宝，是一个有血有肉的小生命，并不像植物一样仅靠营养发育生长。实践表明，准妈妈如果能经常与胎宝宝进行充满亲情爱意的语言沟通，不仅会使宝宝日后拥有出色的语言能力，还能在未曾谋面的母子之间架起一座心灵上的爱之桥。

准妈妈可以根据日常生活，随意确定与胎宝宝的对话内容，所以语言胎教时间是不固定的。白天准妈妈进行任何活动时可根据活动内容与胎宝宝对话。比如，准妈妈洗脸时，就对胎宝宝说："宝宝，妈妈要洗脸了，你看，洗完脸妈妈觉得舒服极了，也漂亮了，对吗？"准妈妈上公园时，就对胎宝宝说："宝宝，妈妈今天在公园里，你看公园里多美啊，有鲜花，有金鱼，有绿树，你喜欢吗？"这样，准妈妈与胎宝宝可共同体验生活的节奏。胎宝宝出生后，再听到妈妈的呼唤，就会感到熟悉和亲切，在新环境中不会感到紧张和不安，从而有利于婴幼儿心理上尽快适应环境，并可促进语言能力的发展。

准妈妈把胎宝宝当成是一个大孩子，用亲切动听的语言、充满感情的语气给他讲故事。准妈妈在给胎宝宝讲故事时，声音要轻快、明朗、缓和，带着感情色彩，避免发出高声尖气的喊叫；讲述时要绘声绘色，这样才能感染胎宝宝。

名画欣赏：蒙娜丽莎的微笑

欣赏艺术或进行艺术创作可陶冶情操，使准妈妈产生幸福感。在对美术作品的欣赏中，准妈妈会发现许多现实中难以找到的美，这些美有人类内心深处纯净的情感、生命和爱情，也有看似荒诞不经又恍如隔世的梦境，也有神秘又迷人的微笑，就如这幅《蒙娜丽莎》。

《蒙娜丽莎》是文艺复兴时代画家列奥纳多·达·芬奇所绘的丽莎·乔宫多的肖像画。画中人物坐姿优雅，笑容微妙，背景山水幽深茫茫，淋漓尽致地发挥了画家那奇特的烟雾状“无界渐变着色法”般的笔法。画家力图使人物的丰富内心感情和美丽的外形达到巧妙地结合。画中人物那如梦似的妩媚微笑，被不少美术史家称为“神秘的微笑”。

孕17周营养小贴士

这周，准妈妈可以把早餐当做正餐来吃，重视早餐的质量和营养均衡。这样既可以加强营养和能量供给，又不至于使体重增长得过快。准妈妈在这周胃肠道功能下降，胃酸分泌减低，胃肠蠕动减弱，所以一定要注意避免冷热食物的刺激，并尽量减少外出就餐次数，以免碗筷不卫生引起疾病。

安胎食谱：松仁海带

材料：

松子仁50克，水发海带100克，鸡汤、盐少许。

做法：

1. 松子仁用清水洗净；水发海带洗净，切成细丝；
2. 锅置火上，放入鸡汤、松子仁、海带丝用文火煨熟，加盐调味即成。

孕17周重要提示：慎防尿路感染

由于女性特殊的生理特点和怀孕期间的身体变化，孕期很容易发生尿路感染。在孕5月，准妈妈更要慎防尿路感染。孕期尿路感染，轻者可引起膀胱炎，表现为尿频、尿急、尿痛和血尿。重者为急性肾盂肾炎，除有明显的膀胱炎症状外，还可有腰痛、发热、寒颤等全身症状。严重的尿路感染对孕妇和胎儿的危害很大，一旦发生尿路感染，准妈妈一定要及时就医，切勿擅自用药，以免对胎儿产生危害。

孕18周 胎宝宝进入活跃期

胎宝宝的发育细节

胎宝宝的肺迅速生长，肠道也开始了运动。如果是男宝宝，也开始形成前列腺。这一时期的胎宝宝已经进入了活跃期，翻滚、跳跃、拳打脚踢无所不能，这一切也可能是在向准妈妈暗示他发育完好吧！

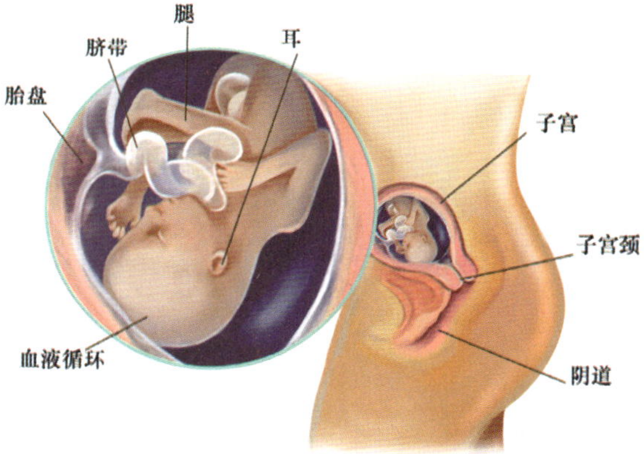

准妈妈的身体变化

准妈妈的子宫在不断地长大，身体的重心也在发生变化，准妈妈可能感到行动有些不方便了。准妈妈的腿、尾骨和其他肌肉会有些疼痛。当坐着或躺着时如果起身太快会感到有点眩晕。这是因为在孕中期，准妈妈的血压可能会比平时低一些。

本周胎教要点

虽然没有证据证明，让腹中的胎宝宝听音乐能够使他成为天才，但是美妙的音乐绝对不会伤害到他。有证据证明胎宝宝会记住他曾经在子宫里听到的声音，当他们出生后，他们喜欢听曾经听到过的声音。实际上，最好的胎教就是准妈妈亲自和胎宝宝交流，亲自为宝宝唱抒情歌曲或摇篮歌曲，唱歌时心情舒畅，从而在心灵达到与胎宝宝的共鸣。

瓷器艺术：青花折枝花果纹六方瓶

本周，多接触艺术，不仅对准妈妈有好处，也会使胎宝宝得到艺术的熏陶。中国是瓷器的故乡，瓷器的发明是中华民族对世界文明的伟大贡献。本周，准妈妈就来欣赏一下我国著名的青花瓷艺术吧！这款青花折枝花果纹六方瓶是清朝乾隆年间的珍品，造型优美，一定会带给准妈妈美的享受。

赏析

青花纹饰配合瓶的六角造型构图，运用卷草角花纹呼应，显得和谐统一。器型恢宏俊伟，釉水明亮温润，肥厚华滋，青花苍翠欲滴，画法规整，构图严谨，一丝不苟，中规中矩，尽显皇家气象。纹饰以肩为界，上部绘折枝花卉纹，下部绘折枝佛手、石榴、寿桃等纹，寓以“福禄寿”三多之意。

乾隆一朝瓷业创新甚多，尤是早期唐英榷陶之时，所出之器，新颖别致，烧制出很多精美绝伦的格式陈设器。六方瓶即为乾隆时期高档式样陈设器之一，品种所见有青花、粉彩镂空、单色釉，均为空前绝后之珍品。

动手做个插花吧

闻到一种香气，妈妈能对这种味道加以详细的描述，这本身就是一种非常好的胎教方式。

插花是可以尽情享受大自然气息的一种独特的胎教方式。花草的芬芳可以唤醒妈妈的五感六觉，重要的是要选用对准妈妈和胎宝宝健康有益的花草。如果你觉得插花简单、乏味，那么学做婴儿房的香盒，或是制作可以在宝宝百日宴上发出夺目光彩的桌花吧，肯定更有意思也更能引起你的兴趣。重要的是，妈妈在完成一件作品时获得的成就感会全部传递给宝宝，对宝宝大脑的发育会产生积极的影响，对宝宝心理和情绪的稳定也有好处。另外，把香香的花草放在床头，还可以催眠；把薄荷类花草种在室内，还有转换心情、疏解疲劳的效果呢！

胎教故事：不怕雨的家

这是一个美丽的童话故事，故事充满绮丽的幻想和乐观的精神，在你的面前会出现很多美好的事物。准妈妈不妨跟着故事来想象，并把这一切的美好告诉胎宝宝，和他一起分享吧！

不怕雨的家

小兔子的家在山脚下的一个结实的洞里，风刮不进，雨淋不着，小兔子喜欢这样的家。

小田鼠是小兔子的好朋友，他的家在地底下，要走过一条又长又黑的通道，才能到他家的客厅。小兔子从来都不敢去，但小田鼠喜欢，他说那儿凉快，再热的天也不怕。一天，天下起了大雨，动物们都躲进自己的家里。小兔子站在窗前看雨，突然想起小田鼠，他的家可是在地下，这场雨还不把他的家给淹了！

不行！小兔子打着伞，冲进雨里，来到小田鼠家门口，大声喊：“小田鼠，快搬到我家来。”也许是雨声太大了，小田鼠听不见，他一直没开门，小兔子只好回家了。

雨停了，小兔子赶紧去找小田鼠，小田鼠也正好出来看彩虹。小兔子说：“你真的不能住在地下室了。”可小田鼠一点也不在乎。小兔子决定帮助小田鼠，他让熊大哥给小田鼠在山坡上盖了一间新房子。

新家建好了，小兔子带小田鼠去看。“给我的？”小田鼠惊讶地问，“可是，这屋不适合我住，我不喜欢这么多阳光。”小田鼠带小兔子去看他的家。哇，弯弯曲曲的，像一座迷宫。遇到下雨，小田鼠就用一堆黏土把口子堵得严严实实，再大的雨也不怕。这下子，小兔子放心了。

孕18周营养小贴士

如果准妈妈这两周的体重增加情况和其他感觉都正常，那么就可以继续按照以前的食谱吃。如果有问题应适当调整，加强营养。经常饮用牛奶和豆浆，可以缓解铅中毒，因为其中的蛋白质可以与铅结合，并排出体外。现在，宝宝骨骼发育和即将开始的视网膜发育，都需要准妈妈补充足量的维生素A、钙和磷了。

准妈妈美食：菠菜煎豆腐

材料：

菠菜500克，豆腐3块，素油、酱油、糖、味精、盐各适量。

做法：

1. 锅烧热加油，豆腐切片放入油锅两面煎黄；
2. 加上配料，烧1～2分钟，再加菠菜即可。

孕18周重要提示：骨盆底肌肉练习

从现在起，准妈妈可以开始做骨盆底肌肉练习了，这个运动可以帮助准妈妈分娩得更快、更容易。骨盆底肌肉练习的步骤是：收缩肛门、阴道，再放松。重复这个动作30次。

孕19周

胎宝宝的肠胃开始工作

胎宝宝的发育细节

胎宝宝的皮肤分泌出一种具有防水作用的皮脂，以保护胎宝宝长时间浸泡在羊水中的皮肤。胎宝宝的胃肠已经开始工作了，如分泌胃液、吸收羊水等。

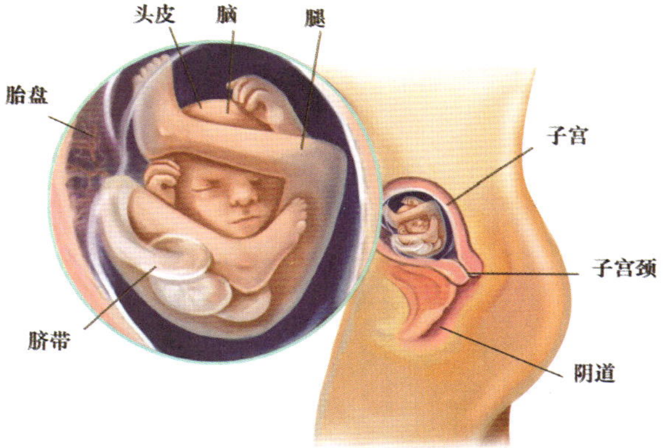

准妈妈的身体变化

到了妊娠中期，准妈妈的子宫逐渐增大、体重增加、腹部开始隆起。在肚脐下方约1.8厘米的地方，能够很容易就摸到自己的子宫。体重增加了3～7千克。有的准妈妈可能会有一些皮肤的变化，上唇、面颊上方和前额周围上可能出现暗色斑块。但也有相当部分的准妈妈皮肤上没有出现任何异样。

本周胎教要点

现在准妈妈应该坚持有规律地数胎动了，时间最好固定在每天晚间8～9点，胎动一般平均每小时3～5次。每天坚持数胎动，是一种直接胎教，当你对胎宝宝高度注意时，可以想象胎宝宝的各种体态，胎宝宝也会回应你的感受，这样会增进母子之间的感情交流。

胎宝宝最喜欢听中低频调的声音，准爸爸的说话声正好合适。如果准妈妈与丈夫每天能坚持与子宫内的胎宝宝讲话，能够唤起胎宝宝的热情，帮助胎宝宝智力的发育。最好是准爸爸边在准妈妈腹部按摩边和宝宝说话。

自制胎教教材：知识卡片

什么是知识卡片呢？就是用彩笔在白纸上写上语言、文字、数字制成的卡片，其内容包括：数字以及用这些数字进行加法、减法、乘法、除法算式等。在将上述内容制成卡片时，还要考虑它们相互间的色彩搭配。为了使胎宝宝牢记这些鲜艳的文字，周围的色调必须是安静的自然色。

学习的方法

准妈妈一面正确发音，一面用手指临摹字形，并将注意力集中在字的色彩上以加深印象。如教“海豹、草莓”等单词时，准妈妈一边用手描这个词，一边发音，同时在头脑中描绘出表现这个词的图画。

在此基础上，为了确立这一形象，还要讲解有关这一事物的知识。例如，教“海豚”这个词时，准妈妈就可以讲：“它住在海里，和我们一样都是哺乳类动物。它的伙伴里有鲸鱼，但它比鲸鱼要小得多。而且，海豚也不怕人，因为它很聪明，人类可以训练它来表演。”这样解说后，“海豚”在准妈妈的印象中就会变得更加鲜明，胎宝宝也更容易接受了。

为了使准妈妈的感觉和思考的内容与胎宝宝吻合，最重要的是要保持平静的心情和集中注意力。在学习开始前，将呼吸调整得深沉而平静，这样，胎宝宝的才能敏锐地感应妈妈所教授的“课程”。

给胎宝宝唱童谣：采蘑菇的小姑娘

准妈妈经常讲故事给腹中的胎宝宝听，可以让胎宝宝有一种安全与温暖的感觉。因此，准妈妈最好每天多读一些书，并把书上的事情讲给胎宝宝听。现在，来给胎宝宝唱首童谣吧，你的声音可是胎宝宝最爱听的呀！

采蘑菇的小姑娘

采蘑菇的小姑娘，
背着一个大竹筐。
清早光着小脚丫，
走遍树林和山岗。
她采的蘑菇最多，
多得象那星星数不清。
她采的蘑菇最大，
大得象那小伞装满筐。
赛罗罗罗罗罗罗哩赛罗哩赛。
谁不知山里的蘑菇香，
她却不肯尝一尝。
盼到赶集的那一天，
快快背到集市上。
换上一把小镰刀，
再换上几块棒棒糖。
和那小伙伴一起，
把劳动的幸福来分享。

童话故事：小蝌蚪

准妈妈每天选择一个固定的时间，给胎宝宝讲一个自己精心准备的童话故事，这样不仅能够帮助准妈妈缓解焦虑，而且在讲述童话的过程中，也让准妈妈重温了美好的童年时光。对胎宝宝来说，准妈妈充满爱意的声音更具有一种神奇的安抚力量，使胎宝宝得以健康成长。

小蝌蚪

池塘里有许许多多的小蝌蚪，小蝌蚪的尾巴一甩一甩的，真帅！小蝌蚪在干什么呢？它们正用细细的长尾巴当画笔，认认真真地写作业哪！

写呀写，写出了一行行没有格式的小诗；画呀画，画出了一池看不出谜底的画谜。

小蝌蚪的画笔呀，一天比一天短，最后短得再也不能用了。小鱼小虾发现了，嘀嘀咕咕地咬着耳朵："哎呀，小蝌蚪一定是学坏了！要不，它的尾巴怎么没有了呢？"

"是呀，听说小白兔因为说瞎话，短了尾巴！小蝌蚪一定干了什么坏事！"

起初，小蝌蚪也以为自己的尾巴真的丢了，它着急地在池塘里找呀找。后来，它们扑哧一声笑了，妈妈不是说过："孩子们，如果你们掉了尾巴，就说明你们已经长大了！就可以到岸上去找小朋友啦！"它们一蹦一跳地跃出了池塘，变成了一只只可爱的小青蛙。

民间艺术：刺绣

现代女性会刺绣的很少，但是在祖辈的时代，可是讲究女子要会“女红”的哦！不过准妈妈不会不要紧，孕期最主要的还是要欣赏，欣赏美、感受美，就是准妈妈的主要任务！本周，就一起来欣赏刺绣的美吧！

刺绣简介

刺绣是针线在织物上绣制的各种装饰图案的总称。就是用针将丝线或其他纤维、纱线以一定图案和色彩在绣料上穿刺，以缝迹构成花纹的装饰织物。它是用针和线把人的设计和制作添加在任何存在的织物上的一种艺术。刺绣是中国民间传统手工艺之一，在中国至少有两三千年历史。中国刺绣主要有苏绣、湘绣、蜀绣和粤绣四大门类。刺绣的技法有：错针绣、乱针绣、网绣、满地绣、锁丝、纳丝、纳锦、平金、影金、盘金、铺绒、刮绒、戳纱、洒线、挑花等等，刺绣的用途主要包括生活和艺术装饰，如服装、床上用品、台布、舞台、艺术品装饰。

抚摸胎教：准爸爸和胎宝宝的踢肚子游戏

与胎宝宝进行互动的踢肚子游戏，不仅仅是准妈妈的“专利”，准爸爸也应该积极地参与。这不仅可以提高游戏的趣味性，让胎宝宝在潜意识里也能感知爸爸同样关注自己，同时通过训练，也可以提高胎宝宝的运动积极性和动作灵敏性。

当胎宝宝踢准妈妈的肚皮时，准妈妈应做出迅速的反应，轻轻拍打一下被踢的部位，然后静静等待小家伙的第二脚。一般在一两分钟后，胎宝宝会再踢，这时候可以由准爸爸来轻拍胎宝宝踢的部位，并告诉胎宝宝：“宝贝，猜猜哪只手是爸爸的。”或干脆把耳朵贴在准妈妈的肚皮上，感觉胎宝宝了不起的腿力。如果胎宝宝踢中了爸爸贴的位置，准爸爸一定要及时给予夸奖。

孕19周营养小贴士

维生素A对维持正常的视觉有重要的作用，它是构成视觉细胞内感光物质的成分。严重缺乏维生素A会导致色盲。不仅如此，维生素A也是正常骨骼发育所必需的，缺乏时会导致成骨与破骨之间的不平衡，并造成神经系统异常。胡萝卜中含有大量的β-胡萝卜素，摄入人体消化器官后，可以转化成维生素A，是目前最安全补充维生素A的食品。应此，准妈妈在本周可以多吃一些胡萝卜。

补充维生素：炒胡萝卜酱

材料：

瘦猪肉300克，胡萝卜100克，豆腐干1块，海米10个。

做法：

1. 把胡萝卜、豆腐干切成1厘米见方的丁；把瘦猪肉切成肉丁；海米用水泡透；将胡萝卜用熟猪油炸透捞出；

2. 将切好的肉丁进行煸炒；待肉丁内的水分渐少，把锅移到文火上；

3. 肉的颜色由深变浅时，放入葱末、姜末和黄酱；加入料酒、酱油，稍炒一下加入胡萝卜、豆腐丁、海米等，淋上香油即成。

孕19周重要提示：注意听胎心

胎心、胎动是胎宝宝在向亲爱的妈妈传递健康与否的信息。从孕5月开始，准妈妈可根据自己的具体情况和医生建议（并非必要），使用专用的胎心仪，在家自行监听胎心音。正常的胎心为每分钟跳动120～160次。如果发现胎心跳动过快、过慢或不规则，应立即就医。

孕20周
胎宝宝已经认识妈妈的声音

胎宝宝的发育细节

这周是胎宝宝的感觉器官进入成长的关键时期，大脑开始划分专门的区域供嗅觉、味觉、听觉、视觉以及触觉发育。胎宝宝已经能听见并且能分辨出妈妈的声音了，这是胎教的最好时机。

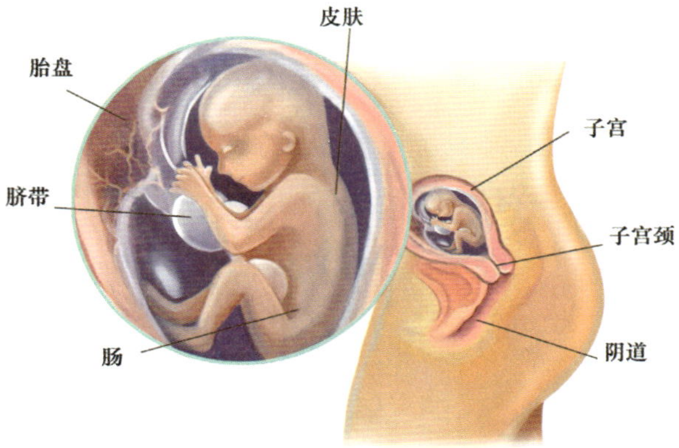

准妈妈的身体变化

现在，准妈妈的子宫日渐增大，将腹部向外挤，致使肚子向外鼓胀。由于子宫增大，压迫盆腔静脉，会使准妈妈下肢静脉血液回流不畅，可引起双腿水肿，足背及内、外踝部水肿尤多见，下午和晚上水肿加重，晨起减轻。由于子宫挤压胃肠，影响胃肠排空，准妈妈可能常常感到饱胀、便秘。

本周胎教要点

本周，准妈妈可以对胎宝宝施行对话胎教，虽然胎宝宝听不懂说话的内容，但是胎宝宝能够通过听觉来感受外界的声音和语调，感受来自母亲的呼唤。而且用语言来刺激胎宝宝，对其听觉神经系统及其大脑的发育是非常有益的。准妈妈在对胎宝宝说话的时候，可以配上背景音乐，或者给胎宝宝听旋律轻盈明快、酣畅安详，可使心绪稳定的乐曲。这周，准妈妈也可以短途旅行，让大自然的美景来熏陶胎宝宝。

带着胎宝宝去旅行

到了怀孕中期，准妈妈在一定程度上适应了自己的身体，便可以更自由地外出了。此时最好的胎教就是旅行。不同于怀孕初期只能待在家中休养，现在可以通过旅行来接触大自然，寻找豁然开朗的感觉了，要记得把这种感觉传递给宝宝，让肚子里的宝宝也一起欣赏美景吧！不过，旅行最好避免人多嘈杂，而且不能离市区太远，以防发生紧急情况时无法处理。

考虑到乘车的舒适感和安全性，火车旅行是较好的选择。如果去较远的地方旅行，要避免长时间乘坐，经常下车活动活动，一来可以促进血液循环，二来能防止出现静脉曲张或静脉血栓。如果打算乘飞机去海外旅行，应该事先征求医生的意见，在飞机上也要每2小时起身活动一下。另外，进行旅行胎教时最重要的一点是要忘记其他事情，只专注于宝宝和自己，全身心投入，跟宝宝一起享受快乐旅行！

旅行胎教的好处

1. 刺激胎宝宝的五感发育。在大自然中听到的鸟鸣声、波涛声以及踩碎落叶的声音等可以刺激胎宝宝的听觉，这比听胎教音乐更直接哦！

2. 帮助敏感的准妈妈转换心情。怀孕以后，激素的分泌和体形的变化会使准妈妈心情的起伏更为剧烈，并容易患孕期抑郁症。旅行可以使准妈妈身心愉悦、转换心情，并将好心情传递给宝宝。

3. 有助于胎宝宝的脑部发育。大自然的新鲜空气中富含负离子，可以促进胎宝宝脑部发育所需的神经递质的生成。

4. 培养胎宝宝的感知能力。腹中的宝宝虽然不能直接看到妈妈所看到的景色，但准妈妈心中的印象和感觉会全部传递给宝宝。因此大自然的美景和妈妈的好心情可以提高宝宝的感知能力。

宝宝学唐诗

准妈妈可以吟诵一些优美的诗句给胎宝宝听，通过美妙的诗句所描述的美丽画卷，不仅能陶冶自己的情操，也能对胎宝宝产生一种潜移默化的影响。

江畔独步寻花

杜甫

黄四娘家花满蹊，
千朵万朵压枝低。
留连戏蝶时时舞，
自在娇莺恰恰啼。

赏析

这首诗写于杜甫在成都草堂时期。春暖花开时节，诗人独自沿着江边散步赏花，触景生情，一连写了七首诗，这是第六首。黄四娘家的小路上，鲜花开得密密匝匝，把枝条都压弯了，花朵的芳香更是引来无数的蜂蝶在花间翩翩起舞，花底不时传来黄莺动听的鸣啼。

试试呼唤胎教法吧

胎教的方法有很多种，其中以音乐、读书等方法常见。其中还有一种方法叫“呼唤胎教法”可能很多准爸妈没听说过，今天我们就来了解一下。

“呼唤胎教法”即“母儿对话”，准妈妈及其丈夫与胎宝宝进行语言沟通，包括讲一些儿歌。胎宝宝是有记忆的，呼唤他的名字，或“宝贝”、“乖乖”等称呼，出生后仍可辨认。

孩子一出生就会马上识别出父母的声音，这不但对年轻父母来说是一个激动人心的事情，而且对你的孩子来说，刚来到这个完全陌生的世界时，就能听到一个他所熟悉的声音，对他来说是莫大的安慰和快乐，同时消除了由于环境的突然改变而带给他心理上的紧张与不安。

“小宝宝呀，你的手在哪儿？”

“你的头发长出来了吗？”

“你爱吃今天的饭吗？”

“你刚才听到那支曲子了吗？它叫‘蓝色的多瑙河’，你听这支曲子美不美啊？你也想跟着唱吗？等你出生后妈妈就教你唱，好吗？”

“你一定要好好成长，长得又白又胖，以后做个聪明的孩子”

……

以上介绍的就是呼唤胎教法，准妈妈每天可以适当按照上面的方法对宝宝进行胎教。

名画欣赏:枫叶寒蝉

齐白石的绘画,以花鸟草虫为大宗,且工笔、写意两种画风汇于一图,俱都造诣高深。《枫叶寒蝉》是齐白石工兼写风格的代表作之一。画面取枫叶一支,以大写意手法画出,简括、传神;一只寒蝉伏于叶上,正感知着浓浓的秋意,蝉笔法工致,呼之欲出,境界新奇而充满诗意。写意的树叶与工笔的寒蝉相互对比,其格调超脱高妙,力显神韵,洋溢着健康、有趣、自足和蓬勃的生命力。画面构图简洁,流露着画家对日常生活情景的热爱和朴实深厚的人生体验,通过水墨和色彩把自己真挚的情感,质朴无华地熔铸于笔端。

孕20周营养小贴士

在本周，胎宝宝要靠吸收铁质来制造血液中的红细胞，如果铁摄入不足，准妈妈也会出现贫血现象。如果恰逢冬季或春季，准妈妈还要注意预防感冒，平时注意多喝水。如果有轻微的感冒症状，可以通过清淡饮食、多喝汤水及服用中药剂，如感冒清热冲剂等来进行调理和治疗。

补肝美食：羊肝菠菜汤

材料：

鲜菠菜200克，羊肝200克，盐、香油、味精各适量。

做法：

1. 将锅中的水烧沸后下入羊肝；
2. 稍滚后下入菠菜加盐；香油调味；
3. 再次烧滚后，加味精，即可出锅食用。

孕20周重要提示：警惕妊娠高血压综合征

妊娠高血压综合征是怀孕5个月后出现高血压、浮肿、蛋白尿等一系列症状的综合症。坚持定期孕检，关注妊高症的种种迹象，积极预防妊娠高血压综合征很有必要。

PART6 孕6月

终于变成大肚婆

这个月，如果子宫收缩或受到外界压迫，胎宝宝会猛踢子宫壁，把这种信息传递给妈妈。

孕21周

胎宝宝的味蕾形成了

胎宝宝的发育细节

现在胎宝宝已经21周了，这时他的体重正在不断增加。胎宝宝的感觉器官日新月异，味蕾已经形成了，还能吮吸自己的拇指。胎宝宝的消化系统也更为完善，肾脏系统也开始发挥作用。

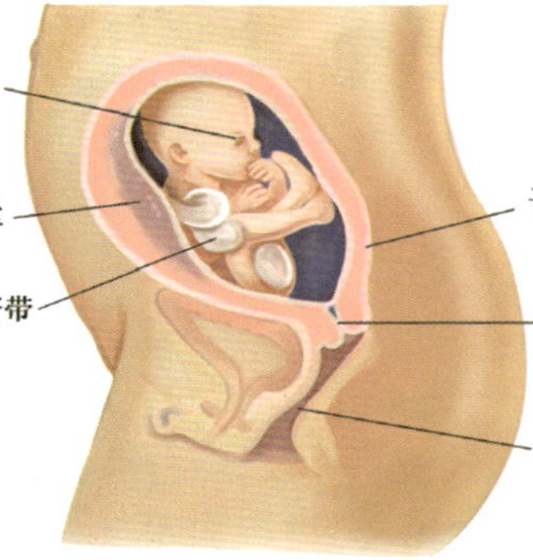

准妈妈的身体变化

本周，准妈妈的体重增加了约5千克。由于孕激素的作用，准妈妈的手指，脚趾和全身关节韧带变得松弛，也会使准妈妈觉得不舒服，行动有点迟缓和笨重。准妈妈的阴道分泌物也在增加，如果准妈妈感到阴道周围红肿和刺痛，有酵母味道的分泌物，要考虑有可能是酵母感染。双腿水肿可能会加重，准妈妈在此阶段应尽量避免长时间的站立。

本周胎教要点

本周，除了给宝宝听乐曲外，准妈妈可以用柔和的声调唱轻松的歌曲，同时想象胎宝宝正在静听，从而达到母子心音的谐振，称为哼歌谐振法。当你做家务时，可以哼唱几首儿歌或轻松欢快的曲子，让胎宝宝不断地听到母亲怡人的歌声。这样既可传递爱的信息，又播下了艺术的种子。哼歌时，声音不宜过大，以小声说话的音量为准；不能大声高唱，以免影响子宫中的胎宝宝。

给胎宝宝唱童谣：手指歌

这周，准妈妈就怀着快乐的心情为胎宝宝唱这首《手指歌》吧！相信他会和你一样快乐，虽然表现出来的只是你的肚子在一起一伏。准妈妈可以想象宝宝在身边跟着你一起唱，你包含母爱的声音会使宝宝用爱意回应你。

手指歌

一个手指头呀，变呀变，
变成毛毛虫，爬呀爬。
二个手指头呀，变呀变，
变成小兔子，蹦蹦蹦。
三个手指头呀，变呀变，
变成小花猫，喵喵喵。
四个手指头呀，变呀变，
变成螃蟹走，走走走。
五个手指头呀，变呀变，
变成大老虎，吼吼吼。
六个手指头呀，变呀变，
变成小电话，铃铃铃。
七个手指头呀，变呀变，
变成小老鼠，吱吱吱。
八个手指头呀，变呀变，
变成小手枪，叭叭叭。
九个手指头呀，变呀变，
变成拉勾勾，哎呀呀。
十个手指头呀，变呀变，
变成大锤头，咚咚咚。

音乐胎教：胡桃夹子

准妈妈，你是否想象过自己的宝宝是什么模样呢？是不是觉得他就像童话里的小精灵呢？现在就来欣赏芭蕾舞曲《胡桃夹子》吧！这首乐曲中满是糖果色的童话梦幻，是不是很容易让你联想到肚中的小精灵呢？

赏析

《胡桃夹子》是柴可夫斯基笔下最具童趣的作品，尤其是首次成功运用了钢片琴，达到一种绝妙的配器效果。糖果仙子是其中的一段经典片段，是两幕三场梦幻芭蕾舞剧。钢片琴使得音调既甜蜜腻人，又清脆透明，这正是糖果仙子的写照，它很自然地使人想到糖果王国中，像小玻璃片那样晶莹夺目和五彩缤纷的糖果色泽。

胎教趣闻：令人惊讶的儿子

前苏联著名提琴家列昂尼德·科根曾讲过这样一个故事：他决定在一次音乐会上演奏一段新乐曲，为此他在妻子的伴奏下，对这首曲子做过短期练习。当时他妻子正临近产期，此后不久生了一个儿子。令人高兴的是，儿子 4 岁就学会了拉提琴，表现出过人的音乐天赋，更令人惊讶的是，有一天这孩子突然奏出了一支从来没有人教过他的乐曲旋律，这个旋律正是列昂尼德·科根在那次音乐会上演奏的乐曲。在那次音乐会之后，这支曲子再也没演奏过，也没有灌制成唱片，他的儿子四年来从未听过这支曲子。

图画胎教：感受身边的美

准妈妈与其经常看漂亮婴儿的照片，还不如用目光描画自己腹中胎宝宝的模样。亲自动手，画出未来宝宝的模样也是很不错的方法。如果此时准爸爸也可以参加的话，那就再好不过了。

准爸爸参加图画胎教没有太高的要求，不管工作有多么繁忙，只要成为一名不放过身边每一个美丽景色的浪漫主义者就可以。

带着怀孕的妻子出去散步的时候，模范丈夫应该做到触景生情、出口成章。当然，重要的不是才艺，而是心境，只要让妻子感受到自己的愉悦就可以了。也可以试着对夕阳和脚下的草地发表和往日截然不同的见解，博得妻子的开怀一笑。

如果可以做到这些，妻子肯定可以感受到丈夫的关怀。就算在表面上露出“你怎么这样”的表情，但在内心里肯定也会开怀大笑。之前没有注意到的景色，也会因为你的别样解说而让妻子用崭新的目光重新观察一番。同时，也会用崭新的心境感受丈夫对自己和胎宝宝的关怀。

在那个瞬间，在“深洞”里追随微弱的光芒的胎宝宝也会在大脑里刻画出蔚蓝的天空。这才是真正的图画胎教。

孕21周营养小贴士

本周胎宝宝要靠吸收铁质来制造血液中的红细胞，如果准妈妈铁摄入不足，胎儿和准妈妈都可能出现贫血现象。如果恰逢冬季或春季，准妈妈要注意预防感冒，平时注意多喝水。如果有轻微的感冒症状，可以通过饮食清淡、多喝汤水及服用感冒清热冲剂等中药进行治疗。

防贫血食谱：川冬菜炒蚕豆

材料：

鲜嫩蚕豆200克，冬菜200克。

做法：

1. 剥去蚕豆皮，洗净；冬菜洗净，切成碎末；

2. 锅置火上，放油烧热，随将蚕豆和冬菜末放入急炒，快熟时加入酱油、糖等调料，再略炒几下，即成。

孕21周重要提示：预防孕期糖尿病

这周，准妈妈要预防孕期糖尿病。已经出现尿糖阳性的准妈妈，也不要过分紧张，应在医生的指导下，适当控制饮食或者用药，并加强对胎宝宝的监护。在现代医学条件下，糖尿病准妈妈也能生一个健康的宝宝。

孕22周

胎宝宝的大脑快速成长

胎宝宝的发育细节

胎宝宝现在看起来像一个“小人儿”了。胎宝宝的眉毛和眼睑已经十分清楚，血管清晰可见，皮肤上有了汗腺，指甲完全形成并且越长越长。这也是大脑快速成长的时期。如果是男宝宝，他的睾丸开始降入阴囊，并且里面已经形成了原始精子。

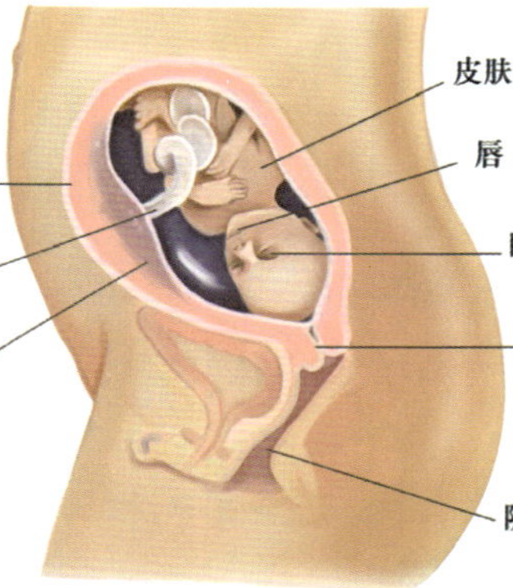

准妈妈的身体变化

孕 22 周，准妈妈体重大约以每周 250 克的速度在迅速增长，子宫也日益增高，压迫肺部，由于骤然增加的体重和增大的子宫，准妈妈有些“孕味”了。同时，妊娠激素的分泌会导致手指、脚趾和其它关节部位变得松弛。准妈妈的肚脐可能不再是凹下去的，它可能是平的，也可能很快会凸出来。

本周胎教要点

本周，胎宝宝开始对声音有反应，这时候准妈妈可以反复给胎宝宝放精心选取的胎教音乐。音乐胎教宜每天 2 次左右，每次 15 分钟即可。准妈妈最好“轻声吟唱”，“随乐起舞”，做一些简单的舞蹈动作，不仅让胎宝宝听音乐，也要让他感受妈妈身体的律动。准妈妈也可以让胎宝宝听一些古典音乐，或者给胎宝宝阅读一些文学经典作品，或者去欣赏一场美丽的舞蹈，让宝宝从一开始就感受到艺术的美，培养良好的气质。

古文欣赏：诗经·小雅·鹿鸣

准妈妈希望你的宝宝将来成为一个文学家吗？那么现在你就可以开始了。胎宝宝现在已经具有了一定的听力，他可以听到你说话的声音和外界的一些声响。本周，你可以给他读一读古文，让他从小感受文学的艺术。本周，给胎宝宝朗诵一下这篇《诗经·小雅·鹿鸣》吧！

诗经·小雅·鹿鸣

呦呦鹿鸣，食野之苹。我有嘉宾，鼓瑟吹笙。

吹笙鼓簧，承筐是将。人之好我，示我周行。

呦呦鹿鸣，食野之蒿。我有嘉宾，德音孔昭。

视民不恌，君子是则是效。我有旨酒，嘉宾式燕以敖。

呦呦鹿鸣，食野之芩。我有嘉宾，鼓瑟鼓琴。

鼓瑟鼓琴，和乐且湛。我有旨酒，以燕乐嘉宾之心。

译文：

一群鹿儿呦呦叫，在那原野吃苹草。我有一批好宾客，弹琴吹笙奏乐调。

一吹笙管振簧片，捧筐献礼礼周到。人们待我真友善，指示大道乐遵照。

一群鹿儿呦呦叫，在那原野吃蒿草。我有一批好宾客，品德高尚又显耀。

示人榜样不轻浮，君子贤人纷纷来仿效。我有美酒香而醇，宴请嘉宾嬉娱任逍遥。

一群鹿儿呦呦叫，在那原野吃芩草。我有一批好宾客，弹瑟弹琴奏乐调。

弹瑟弹琴奏乐调，快活尽兴同欢笑。我有美酒香而醇，宴请嘉宾心中乐陶陶。

简介

《诗经》是我国第一部诗歌总集，共收入自西周初年至春秋中叶大约五百多年的诗歌三百零五篇。《诗经》共分风（160篇）、雅（105篇）、颂（40篇）三大部分。它们都得名于音乐。“风”的意义就是声调。古人所谓《秦风》《魏风》、《郑风》，就如现在我们说陕西调、山西调、河南调，“雅”是正的意思。周代人把正声叫做雅乐，犹如清代人把昆腔叫做雅部，带有一种尊崇的意味。大雅小雅可能是根据年代先后而分的。“颂”是用于宗庙祭的乐歌。

舞蹈欣赏：雀之灵

本周，准妈妈来和胎宝宝欣赏一场舞蹈的盛宴吧！比如著名的舞蹈《雀之灵》！准妈妈自己在欣赏的同时也让胎宝宝感受一下艺术的美丽。

简介

杨丽萍以傣族民间舞蹈为基本素材，从“孔雀”的基本形象入手，但又超越外在形态的模仿，以形求神，不仅使孔雀的形象惟妙惟肖地展现于观众视野，而且创生出一个精灵般的、高洁的生命意象。

赏析

晨曦中，一只洁白的孔雀飞来了。它时而轻梳羽翅，时而随风起舞，时而漫步溪边，时而俯首畅饮，时而伫立，时而飞旋，一首生命的赞歌就在那一举手、一投足中流淌着。这一傣族女子独舞突破传统的物象模拟，而是抓其神韵，表现的不仅仅是一只圣洁、高雅、美丽的孔雀，而且是一只充满生命力和神秘气息的飞舞的精灵。《雀之灵》犹如一个蓝色的梦境，一个无限纯净的世界，在那个神秘的境地，生命之河在流淌，洗涤和净化着我们的心灵。

胎教音乐：百鸟朝凤

在孕期，有的准妈妈容易出现情绪低落的状况，为了胎宝宝的健康，准妈妈一定要想方法调整自己的情绪。如果准妈妈觉得紧张、烦闷了，可以听听这首《百鸟朝凤》。也许听着听着，准妈妈就会沉浸在音乐的旋律中了，情绪也会随之变好！

赏析

唢呐独奏曲《百鸟朝凤》原是流行于山东、安徽、河南、河北等地的民间乐曲。它以热情欢快的旋律，生动描绘了百鸟和鸣、气象万千的自然景象，表现出人们对大自然的赞美和热爱之情。

这是一首特别适合准妈妈在怀孕中、晚期听的乐曲，因为它不仅描绘了大自然中百鸟和鸣的景象，还模拟了林中各种禽鸟的叫声。这种原声的模拟能直接刺激胎宝宝的听觉，有助于胎宝宝的智力发展。准妈妈在欣赏这首乐曲时，可以一边听一边给胎宝宝描述林中百禽的叫声和欢快游戏的场面，这样，对胎宝宝智力发展更有利。

名画欣赏：向日葵

准妈妈，你见过盛开得无边无际的向日葵田吗？你知道向日葵为什么总是向着太阳吗？现在，就和胎宝宝一起从画中来感受向日葵的魅力吧！在欣赏这幅《向日葵》时，别忘了告诉胎宝宝，这是梵高的代表作，他是一个很有名的画家。

文森特·梵高一生中共作了11幅《向日葵》，只有一幅目前在梵高美术馆展出。堪称“梵高的化身”的《向日葵》仅由绚丽的黄色色系组合。梵高认为黄色代表太阳的颜色，阳光又象征爱情，因此具有特殊意义。他以《向日葵》中的各种花姿来表达自我，有时甚至将自己比拟为向日葵。

孕22周营养小贴士

由于准妈妈可能会出现牙龈出血，因此要注意多吃蔬菜和水果。蔬菜、水果中的维生素可以帮助牙龈恢复健康，防止牙龈流血。用餐后喝一些柠檬水（在水中加上一片柠檬）或漱口，可令口腔保持湿润，还能刺激唾液分泌，减少因鼻塞、口干或口腔内残余食物引起的厌氧细菌造成的口臭。

护牙美食：香脆三丝

材料：

洋白菜、胡萝卜、小青辣椒、盐、姜末、蒜泥各适量。

做法：

1. 菜洗净，沥净余水，切成细丝，撒上盐5～10分钟杀去生味，去掉余水，洒上姜末、蒜泥、味精，拌匀后装盘；

2. 取花椒数粒、大料2～3瓣，红尖椒少量剪成细丝，放在小碗内；将烧热的素油倒入，凉后再淋到菜丝上。

孕22周重要提示：给宝宝起名字

给宝宝起名字：也许在怀孕前，准妈妈已经开始憧憬着这个美好的时刻了——为自己的宝宝起一个好听的名字。而现在，胎宝宝已经快7个月了，准妈妈快想想什么样的名字又亲切又动听吧。

孕23周

胎宝宝已经有模有样了

胎宝宝的发育细节

现在的胎宝宝已经像是一个足月的产儿了。他的嘴唇、眉毛和眼睫毛已各就各位，清晰可见，视网膜也已形成，具备了微弱的视觉，而且听觉敏锐，已经能分辨出子宫内和外界的任何声音。现在是培养亲子感情的最佳时期，准爸爸和准妈妈一定要多和宝宝说话，他出生时可能会根据声音和语调将你们识别出来的。

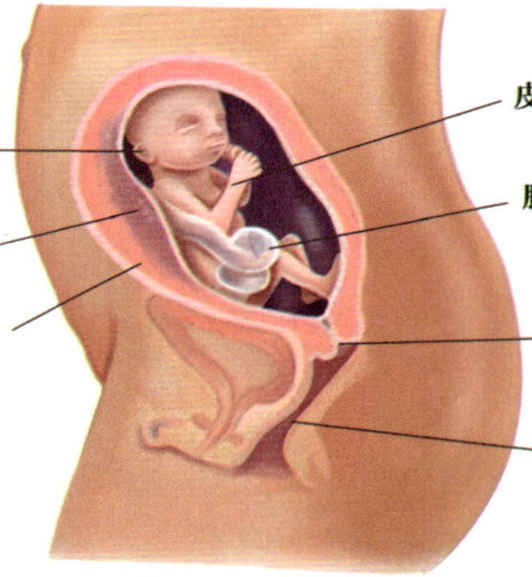

准妈妈的身体变化

进入孕23周，准妈妈的子宫已经到脐上约3.8厘米的位置，宫高约23厘米。这时的胎动次数有所增加，并更加明显。准妈妈的体重增加了约7千克左右。当身体膨胀时，准妈妈可能开始疼痛。由于腹部的隆起，准妈妈的消化系统会感觉不舒服。

本周胎教要点

每个人都会有自己的情绪，紧张、焦虑、急躁、害怕、漠视，在孕期的准妈妈更是如此。这些负面情绪如果长期伴随着准妈妈，胎宝宝也会受到不良的影响。因此，建议准妈妈本周放松心情，多听一些柔美的音乐，多欣赏优美的散文。

散文欣赏：夜雨

读一本好书、看一篇好的文章，无异于在精神上获得一次美的净化，使人心情开朗，精神振奋，耳目一新。在本周，胎宝宝已经具备了微弱的听力，此时，准妈妈可以温柔地朗诵一些趣味高雅、给人以启迪、使人精神振奋、有益于身心健康的文章。这不仅能够提高准妈妈自身的文化修养，而且对胎宝宝的成长也可以起到潜移默化的影响。现在准妈妈就用充满母爱的声音来给胎宝宝朗诵这篇优美的散文《夜雨》吧！

夜雨

陈敬容

带着酒，带着月光恬静地睡去，杂乱的梦不再来扰我了，却好像我自己是睡在一个梦里。我醒来，窗上夜色迷茫，小小的雨滴在屋瓦上落着，给我酒后微渴的嘴唇，带来无限的湿意和清凉。

我清晰地醒着，在这微温的春雨的午夜。

青蛙鼓噪。杜鹃时远时近地啼唤……

在一切色调中，我喜欢在一片灰色或暗蓝色里涂上的一抹猩红；我喜欢草间流萤，原上野火同江上渔火；我喜欢水中落日，也喜欢万静的深山里一轮明月。

在一切音乐中，我喜欢那从一片和声里忽然升起的几个最强音，它们越过各种音色的湖沼，跳舞在寂静的草原上。我喜欢杨柳叶上的风，我喜欢深山里的瀑布。我喜欢静寂的苍空里一声鹞鹰的锐鸣，和你，杜鹃。你底午夜的啼唤。

七年前我在一篇诗里写着：

我爱长长的静静的日子

…………

…………

我爱单色的和寥落的生——

可是现在，我要为你歌颂呵，生命，我要歌颂你底繁荣，不是那平坦的，而是突出在生之大路上的一些大树和巨石。

夜，春雨的午夜，烦躁着。

在这春雨的午夜里我醒来，从一个仿佛安置在梦中的恬静的睡眠里醒来。

那么，我是午夜的杜鹃吗？我是否要鸣唱？要不，我是窗外那棵高高的棕榈吧，它在自己的欢乐里眩晕。

夜，春雨的午夜，眩晕着。

四月，盘溪。

学学画国画吧

自己快乐,就是呵护宝宝。准妈妈情绪不佳,长期过度紧张、恐惧、痛苦、忧虑,会对胎宝宝产生不良影响,出生的宝宝好动、情绪不稳定、易哭闹,所以准妈妈想办法让自己每天都快乐吧！您可以学习一下画简单的国画,这样不但可以陶冶情操,还能培养胎宝宝的美术天分。

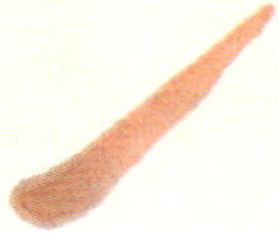

1. 侧锋一笔轻轻抬起

2. 再补一笔做为邻里

3. 根须轻描褶皱淡写

4. 焦墨画缨拉开画笔

音乐胎教:月光

音乐是感情和心灵的语言,它能使人张开幻想的翅膀,随着优美的旋律,在海阔天空翱翔。这周准妈妈就来欣赏这首《月光》吧！这首曲子尤适合于准妈妈在心情烦躁时听,可以起到镇静催眠的作用。

赏析

这是一首脍炙人口的标题钢琴小品,是情境音乐的典范,也是德彪西作品中最受大家喜爱的佳作。作品描绘了飘忽朦胧的月色,月光下流转的水波,闪烁的光影营造了感性浪漫的气氛,欣赏者仿佛听到了月光洒落在水面的声音,由此,梦境与现实融为一体,仿佛置身于最梦幻的情境。作曲家以音符为颜料,试图临摹出心中稍纵即逝的光与影,感觉与气氛,与同时代善于捕捉光影闪动的印象画派有相近的风貌。

孕23周营养小贴士

准妈妈这时会特别偏好某些食品。看到平时爱吃的冰激凌、可乐饮料或者麻辣豆腐时，你是不是非常眼馋？没关系，你偶尔可以稍稍地放松一下对自己的要求，但一定要有节制。由于孕中期基础代谢加强，对糖的利用增加，应在孕前基础上增加能量，每天主食摄入量应达到或高于400克，并且精细粮与粗杂粮搭配食用，热能增加的量可视准妈妈体重的增长情况、劳动强度进行调整。

粗粮食谱：蚕豆炒韭菜

材料：

水发蚕豆、韭菜、生姜末、糖、盐、葱蒜末、香油、水各适量。

做法：

1. 蚕豆剥去外壳、韭菜洗净沥干后切段备用；
2. 起油锅加油3大匙，放入生姜末爆炒至金黄色；将蚕豆放入锅中并加水1/2杯炒至熟软；
3. 最后加入韭菜、其余调味料拌炒片刻即成。

孕23周重要提示：警惕产前抑郁症

有些准妈妈在怀孕时可能会第一次得抑郁症，严重的话甚至还会做出伤害自己的行为。产前抑郁更加眷恋白领女性。孕期心情有所起伏是正常现象，准妈妈要注意自我调适，放宽心。要是持续低落，甚至感到厌世，则要尽早向医生咨询。

孕24周

胎宝宝开始吞吐羊水

胎宝宝的发育细节

孕24周时，胎宝宝大约已有500克左右，他的听力已经形成，他可以听到准妈妈发出的有些变形的说话声音、妈妈心跳的声音和妈妈的肠胃蠕动时发出的“咕噜咕噜”的声音。一些大的噪音胎宝宝也能听到，比如吸尘器发出的声音、开得很大的音响声、邻家装修时的电钻声等，这些声音都会使胎宝宝躁动不安。除了听力有所发展外，此时胎宝宝的呼吸系统也正在发育。他还在不断吞咽羊水，但是通常并不会排出大便，那得等到出生以后了。

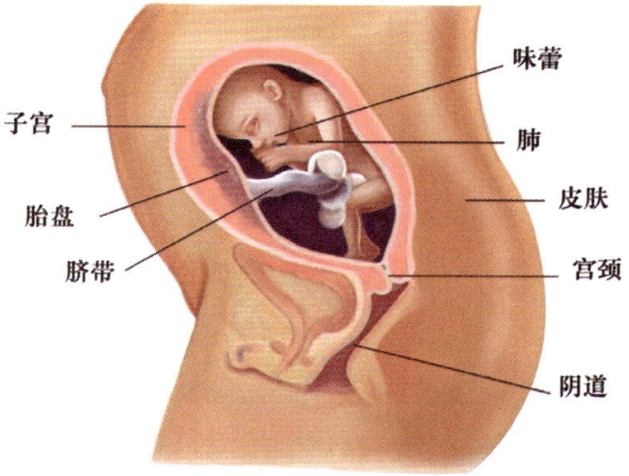

准妈妈的身体变化

进入孕24周，准妈妈的子宫现在处于肚脐上约3.8～5.1厘米的位置，从趾骨联合量起，约有24厘米，凸痕非常明显，很难隐藏了。随着体重的大幅增加，支撑身体的双腿肌肉疲劳加重，隆起的腹部压迫大腿的静脉，使身体越来越沉重。有些准妈妈会感到腰部和背部容易疲劳，甚至腰酸背疼。

有时准妈妈还会感觉眼睛发干、畏光，这些都是正常的现象，不必担心。如果经常感觉头晕，要告诉医生，这可能是贫血的征兆。

本周胎教要点

24周的胎宝宝现在身长大约26厘米，体重500克左右，身体的比例慢慢匀称起来，除了听力有所发展外，此时胎宝宝的呼吸系统也正在发育。准妈妈的子宫越来越大，可压迫到下腔静脉的回流，出现静脉曲张。这时，准爸妈的恩爱是对胎教最好的辅助，通过轻轻拍抚肚皮，促进三方的情感交流。

给宝宝做个抚摸胎教吧

在孕期第6个月,胎宝宝踢脚、翻跟头、扭转身体的动作要明显频繁得多,这个时候,是实施爱抚肚皮胎教法的最佳时机。胎教要想做得好,前提是夫妻感情和睦。因此,爱和忍耐是成功胎教的必备要诀。因为,只有夫妻间彼此相爱,胎宝宝才能在爱和安全的环境里健康成长。“爱抚肚皮胎教法”,是让准妈妈和丈夫通过轻轻拍抚肚皮、或聆听肚皮里的声音等亲密动作,使胎宝宝感知到父母的存在,增强胎宝宝肢体的反应能力,达到准妈妈与准爸爸、胎宝宝三方的互动与情感交流。

准妈妈可以在一个安静的场所,采取一种最舒服的姿势,每天花10分钟,不听音乐,不说话,集中精力用手的抚摸和宝宝进行独特的情感交流。从上而下,从左到右,反复轻轻抚摩,然后再用一个手指反复轻压胎宝宝。在抚摩的时候应该注意胎宝宝的反应,如果胎宝宝对抚摩刺激不高兴,就会出现躁动或用力蹬踏,这个时候就应该停止抚摩。如果受到抚摩以后,出现平和的蠕动,则表示胎宝宝感到很舒服,很满意。

准妈妈可经常抚摸一下腹内的胎宝宝,可以激发胎宝宝运动的积极性,并且可以感觉到胎宝宝在腹内活动而发回给母亲的信号。通过对胎宝宝的抚摸,母子之间沟通了信息,交流了感情,从而激发了胎宝宝的运动积极性,可以促进出生后动作的发展,也促进了大脑的发育,会使孩子更聪明。

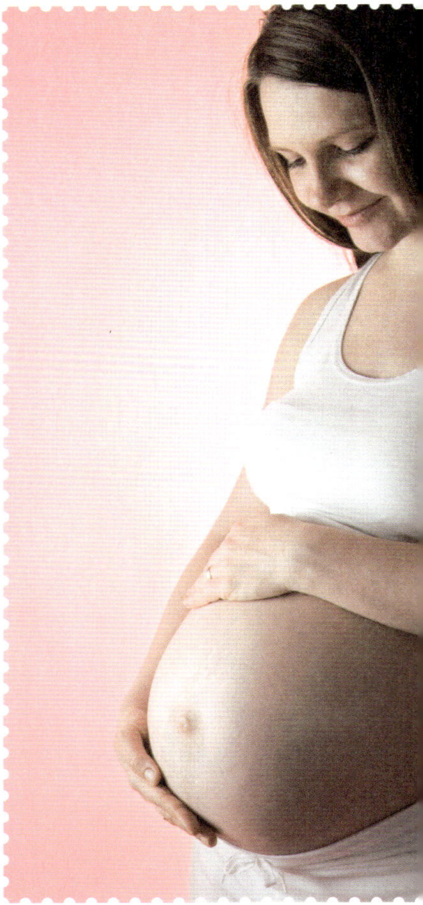

欣赏拼布艺术

由于体重的增加,准妈妈会感觉身体笨重、劳累。为了释放身心的负担,这周准妈妈可以欣赏一些拼布艺术品,也可以自己动手做一些拼布作品,相信准妈妈做完以后会由衷地产生一种即将做母亲的幸福感和胜利感,并把这种愉快的感觉传给胎宝宝。

以片片布料为油彩,以一把剪刀为画笔,针线勾勒出最为生动的线条,一幅幅优美的画作,一件件生动的艺术品,就此诞生。是什么样的技术如此神妙?告诉你,这叫拼布。是把布片拼起来那么简单吗?看起来简单,其实不然。这种由最初的需求发展而来的时尚手工艺术,已经受到越来越多都市白领的青睐。

拼布艺术发源于欧洲,最初是穷人将零碎小布缝制成棉被等各类生活用品。当人们生活富裕后,也喜欢将小布块缝制成被子、坐垫、手机袋子、挂毯等日用品和工艺品。现在拼布艺术已从欧洲扩展到美国、日本,近几年又登陆中国,而上海则成为中国内地第一个引入此项艺术的城市。拼布成了都市人时尚生活的一部分。

胎教趣闻:特殊的孩子

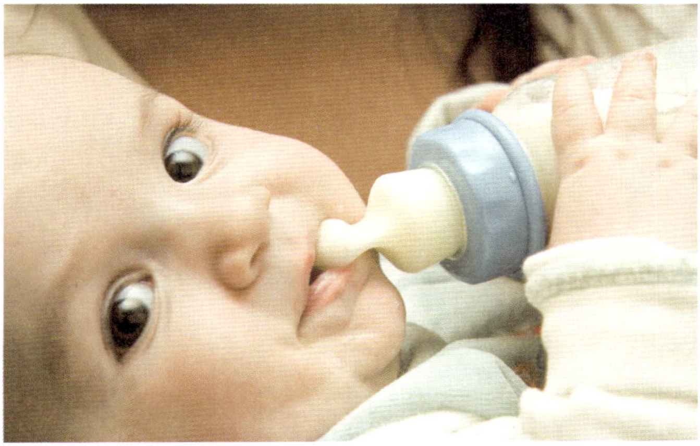

英国著名营养学家克拉福德指出,人脑的大部分是在胎宝宝发育时期形成的,一个人的脑结构是否完善,其智力水平的高低在母腹中时就受母亲所摄入的食物影响。西方许多国家所谓“星期日孩子”、“星期六孩子”和“狂欢节孩子”都是由于父母酗酒纵欲怀孕所造成的畸形儿或呆傻儿。

孕24周营养小贴士

随着孕周的增加，准妈妈的便秘情况可能会越来越严重。此时，要注意饮食调节，多吃一些润肠通便的食品，如各种粗粮、蔬菜、黑芝麻、香蕉、蜂蜜等；也应该注意适当运动，促进肠蠕动，利于消化。准妈妈的早餐和加餐可适量饮用酸奶和牛奶。中餐和晚餐要多选用豆类或豆制品。同时，多吃奶酪、海米、芝麻或芝麻酱、西蓝花等。

便秘食疗：蜜烧红薯

材料：

红薯500克，红枣、蜂蜜100克，冰糖50克，植物油500克。

做法：

1. 红薯洗净，去皮，先切成长方块，再分别削成鸽蛋形；

2. 红枣洗净去核，切成碎末；

3. 炒锅上火，放油烧热，下红薯炸熟，捞出沥油。炒锅去油置旺火上，加入清水300克，放冰糖熬化，放入过油的红薯，加入蜂蜜，撒入红枣末推匀，再煮5分钟即成。

孕24周重要提示：注意早产征兆

如果胎宝宝此时出生，虽然属于早产，但宝宝在医护人员和家人精心的照顾下，不是完全没有可能存活的。学习一些预防早产的知识，了解早产的征兆，会让准妈妈和胎宝宝更安全。如果你发现阴道分泌物像黏液一样，呈粉红色或有血迹；每小时多于4次的子宫收缩，应该立即去看医生。

PART7 孕7月

你的情感他知道

胎宝宝醒着的时候，会自己嬉戏，会踢踢腿、伸伸腰，甚至会把自己的大拇指或其他手指放到嘴里去吸吮。

孕25周

胎宝宝已经握紧拳头

胎宝宝的发育细节

孕25周时，胎宝宝体重稳定增加，大约已有600克左右了，皮肤很薄而且有不少皱纹，几乎没有皮下脂肪，全身覆盖着一层细细的绒毛，样子像个小老头，但身体比例已较为匀称。他的脑细胞迅速增殖分化，体积增大。胎宝宝舌头上的味蕾正在形成。连接母体和胎宝宝的脐带既厚又有弹性，外面是一层厚厚的胶状物质，紧紧包着一条静脉和两条动脉。胎宝宝还能抱起小脚和握紧拳头了。

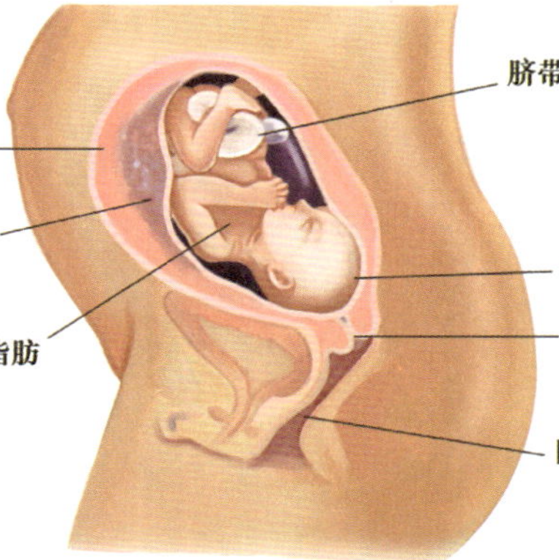

准妈妈的身体变化

现在准妈妈可能会感到有些疲惫，由于胎宝宝的增大，腹部越来越沉重，腰腿痛因而更加明显。另外随着腹部的不断增大，准妈妈肚子上、乳房上的妊娠纹更加明显，脸上的妊娠斑也似乎明显起来。有的准妈妈还会觉得眼睛发干、发涩、怕光，这些都是正常现象，不必过于担心。

本周胎教要点

现在，胎宝宝已经可以对光亮做出反应了。这时如果准妈妈每天定时对胎儿进行光照胎教，对于出生后婴儿的智力开发十分有利。光照胎教实施过程中，还可以配合对话。胎儿6个月时通过胎教刺激听觉器官，确实能促进孩子大脑发育。音乐伴奏与歌曲伴唱时朗读诗词便是一种很好的方法。

胎教名曲：动物狂欢节组曲

很多研究发现，胎宝宝更喜欢优美抒情的古典音乐。准妈妈可以用这首《动物狂欢节组曲》做个试验，当你给胎宝宝播放节奏强烈的现代音乐时，胎动会增加且幅度增大，而当你给胎宝宝播放轻柔舒缓的音乐时，注意一下胎宝宝的反应，他是不是很快变得安静下来了？

赏析

《动物狂欢节组曲》是一部形象生动、充满幽默诙谐趣的管弦乐组曲，描绘了各种动物滑稽可爱的情态。《天鹅》是其中的大提琴独奏，描画了一只高贵优雅的天鹅悠然游过碧波，时而凝视远方，时而轻啄羽毛，最后渐行渐远的情景。这首乐曲优美娴静，天鹅端庄高雅的形象把人带入一种纯净崇高的境界。

倾听这首乐曲，准妈妈可深深体味宁静高雅之美，其实，哺育生命的准妈妈也应该有天鹅般的从容、优雅和自豪。

光照胎教：甜沁心腑的光明

光照胎教法是用手电筒的微光作为光源通过对胎宝宝进行刺激，训练胎宝宝视觉功能，帮助胎宝宝形成昼夜周期节律的胎教法。光照胎教法最好从孕24周开始实施，用手电筒即可，因为此时胎宝宝对光开始有反应。

在胎儿期适时地给予光刺激，能促进胎宝宝视网膜光感受细胞的功能尽早完善。光照胎教可以结合音乐胎教、对话胎教，如选择胎宝宝觉醒、活跃的时候，一边播放胎教音乐一边进行。照射的时候准妈妈可以和宝宝对话，如“现在是中午时间，外面的天气很好，微微的风很舒服，宝贝你感觉到了吗？”妈妈一边用手电筒的微光照射腹部，一边告诉胎宝宝：“这是手电筒发出的光，它好玩儿吗？你可以去抓住它。”

具体方法

每天早晨起床前，准妈妈可用手电筒紧贴准腹壁，用手电筒的微光一闪一灭地照射胎头部位，说：“宝宝该起床了。”晚上睡觉前同样以用手电筒的微光一闪一灭地照射3次，告诉胎宝宝：“现在是晚上，宝宝该睡觉了。”这样可以训练胎儿昼夜节律，即夜间睡眠，白天觉醒。

坚持光照胎教一个月后，宝宝会记住这个时间段，每到这个时间段宝宝也会非常高兴，每天享受着甜美的与胎宝宝游戏的时光，妈妈也会心情舒畅。

艺术胎教：天仙配

中国有很多地方戏，由于地理位置不同，这些戏的风格和唱腔也大不同。其中黄梅戏的唱腔柔美、温婉，有很多人都爱听。准妈妈，你喜欢听吗？不妨今天来听听吧！听完了也问问胎宝宝："宝宝，你觉得黄梅戏怎么样？"

树上的鸟儿成双对

树上的鸟儿成双对，绿水青山带笑颜。
随手摘下花一朵，我与娘子带发间。
从今不再受那奴役苦，夫妻双双把家还。
你耕田来我织布，我挑水来你浇园。
你我好比鸳鸯鸟，比翼双飞在人间。

童话故事：打碗碗花

本周推荐准妈妈来读这个童话故事《打碗碗花》，相信会引得准妈妈会心一笑；曾经童年熟悉的故事，相信肯定能在准妈妈心中唤起温情和感动。

打碗碗花

田野上，开满了粉红粉白的碗碗花，像一只只美丽的小碗，十分好看。碗碗花可喜欢撒娇了，嘴里老嚷嚷着："我要我要我要！"

"要什么呀？"夜婆婆微笑着问，给她的碗里放了一颗露珠，晶莹晶莹的。

"我要我要我要！"

"要什么呀？"太阳公公严肃地问，给她的碗里放进一缕阳光，很暖很暖的。

"我要我要我要！"

"要什么呀？"月亮姑姑笑着问，给她的碗里放了一颗星星，闪闪发光。

"我要我要我要！"

碗碗花收到很多很多珍贵的礼物，她老是不满足，一直嚷着要、要、要。

后来，风姨姨生气了，一巴掌打翻了小碗，礼物都掉到了地上。从此，打碗碗花的名字，也就被人叫开了。

孕25周营养小贴士

小白菜、菠菜、空心菜、韭菜、香椿等绿叶蔬菜中都含较多的B族维生素，准妈妈应该选择应季的新鲜蔬菜食用。B族维生素不仅参与体内多种物质代谢和生理反应，而且对缓解孕期紧张情绪、消除疲劳有益。准妈妈还应继续关注自己的体重增加情况，如果体重增加过快，应控制高热量的饮食。注意饮食应低盐、高钙、高铁，以预防妊娠高血压和贫血。

补血益气美食：羊肉炖萝卜

材料：

羊肉500克，萝卜300克，生姜少许，香菜适量。

做法：

1. 将羊肉洗净，切成2厘米见方的块；

2. 萝卜洗净，切成3厘米见方的块；

3. 香菜洗净、切段。将羊肉、生姜、精盐放入锅中，加适量清水，武火烧开，再放入萝卜块煮熟，加胡椒和少许食醋调味即可。

孕25周重要指示：避免孕期下肢水肿

避免孕期下肢水肿：在孕晚期，很多准妈妈会出现下肢水肿的情况。水肿是血管内的液体成分渗出血管，积聚在组织间隙中造成的。最先出现在人体最低部位、足踝部，休息后稍退，逐渐加重并向上蔓延。以下这些方法可避免下肢水肿：

1. 不要站或蹲、坐太久，坐在沙发或椅子上时可以把脚抬高，还可以转动踝关节和脚部来增加血液循环。

2. 在休息时左侧卧位就可以缓解子宫对下腔静脉的压迫，适当抬高下肢，以解除妊娠子宫对下腔静脉的压迫。

3. 准妈妈的低蛋白状况也会导致准妈妈下肢浮肿，因此准妈妈要注意摄入足够的蛋白质、维生素，补充铁质与钙质。

4. 适当的低盐饮食，通常每日限用食盐2～4克，以减轻水钠潴留，但低盐饮食的时间不宜过长，以免发生低钠血症。

5. 适当散步、腿部按摩对预防水肿也有效。

孕26周

可以听到胎宝宝的心跳

胎宝宝的发育细节

现在胎宝宝的体重在800克左右。皮下脂肪开始出现，但并不多，胎宝宝还是显得瘦瘦的，全身覆盖着一层细细的绒毛。胎宝宝的肺、脊柱仍在发育中，已经会吸气和呼气，眼睛已经形成，听觉也很敏锐。胎宝宝现在能随着音乐而移动，还能对触摸有反应。如果趴在准妈妈的腹部仔细听，还能听到胎宝宝的心跳声。

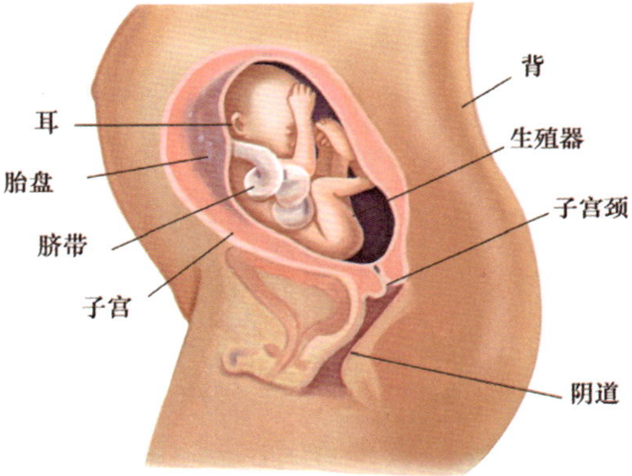

准妈妈的身体变化

现在准妈妈子宫的高度大约已经到了肚脐上6厘米的位置，从耻骨联合量起约为26厘米。如果按照正常标准，体重应该已经增加了10千克。在腹部和乳房处皮肤，部分准妈妈会长出妊娠纹，这是皮肤伸展的标记，可以通过按摩和使用滋润乳液进行预防和缓解。另外，如果你的背部近来有点疼，这就是孕期激素在起作用了，它会松弛你的关节和韧带，为分娩作准备。

本周胎教要点

这一周，随着胎宝宝的大脑发育，准爸妈要给胎宝宝进行一些百科知识方面的胎教，比如：耳朵为什么能听见声音？下雨时为什么要打雷？为什么冬天要下雪？让宝宝在潜移默化中学习足够的知识。

诗歌欣赏：一棵开花的树

因为诗歌平缓而优美，又有很好的节奏感。人是“感于善则善，感于恶则恶”。怀孕过程中，准妈妈要多接触善，多被善感动，因为这些都会改善自己的心情，给自己和胎宝宝的身心以良好影响。

一棵开花的树

席慕容

如何让你遇见我
在我最美丽的时刻为这
我已在佛前求了五百年
求他让我们结一段尘缘
佛于是把我化作一棵树
长在你必经的路旁
阳光下慎重地开满了花
朵朵都是我前世的盼望
当你走近请你细听
那颤抖的叶是我等待的热情
而当你终于无视地走过
在你身后落了一地的
朋友啊那不是花瓣
是我凋零的心

告诉胎宝宝生活的点滴

准妈妈在对胎宝宝进行胎教的时候，应该每时每刻和胎宝宝交流，把生活中点点滴滴都告诉他。

当你早晨起床的时候，你应该先对胎宝宝说声“早上好”，告诉他早晨已经来了。打开窗帘，推开窗户，呼吸着清新空气，这时你可以告诉宝宝：“宝贝，今天天气真不错。”当你洗脸、刷牙时，都可以念念叨叨，还可以告诉他肥皂为什么起泡沫，吹风机为什么能把头发吹干……

总之，你可以把生活中的一切都对胎宝宝叙述。通过和胎宝宝一起感受每天的生活，准妈妈会觉得生活很充实。通过点点滴滴的日常语言胎教，母子之间的感情纽带会更牢固，并且有助于培养胎宝宝对母亲的信赖感，并为增强孩子对外界的感受力和思考力打下基础。

多读读百科知识吧

阅读一些简单的百科小知识,可以带给准妈妈美好的心情,也可以让胎宝宝收获知识,还等什么呢?快来试试吧!

1. 为什么向日葵总是朝着太阳开花

向日葵花盘下面茎部的地方,含有一种叫做“植物生长素”的物质。这物质有加速繁殖的功用,但却具有厌旋光性,每遇到光线时,便会跑到背光的一面去。

所以太阳升起时,向日葵茎部便马上躲到背光的一面去,看起来整棵植物就向着太阳的方向弯曲了。

2. 为什么人老了头发便会变白

我们的头发中有一种叫“黑色素”的物质,黑色素愈多头发的颜色便愈黑。而黑色素少的话,头发便会发黄或变白。人类到了老年时,身体的各种机能会逐渐衰退,色素的形成亦会愈来愈少,所以头发也会渐渐变白啊!

3. 为什么萤火虫会发光

萤火虫会发光因为在它们的腹部末端有发光器,发光器内充满许多含磷的发光质及发光酵素,使萤火虫能发出一闪一闪的光。

萤火虫发光的目的,除了要照明之外,还有求偶、警戒、诱捕等用途。这也是它们的一种沟通的工具。不同种类萤火虫的发光方式、发光频率及颜色也会不同,它们藉此来传达不同的讯息。

孕26周营养小贴士

在本周，准妈妈的日常饮食以清淡为佳，可多选些富含维生素B族、维生素C、维生素E的食物食用；忌用辛辣调料，多吃新鲜蔬菜和水果，适当补充钙元素。在饮食上除了多吃一些含铁丰富的食物外，还应注意多吃一些含维生素C较多的食品，以帮助身体吸收更多的铁质。

高维生素C美食：菊花黄鱼羹

材料：

黄鱼中段250克，姜2克，葱20克，鸡清汤1000克，冬菇、笋丝各50克，火腿丝20克，软豆腐160克，鸡蛋2个，生粉15克，油、香菜各5克，大白菊、香油、精盐各3克，胡椒粉1克，酱油6克。

做法：

1. 用葱段、姜块、料酒、精盐腌制鱼10分钟后，上笼蒸6分钟取出；

2. 将熟火腿、冬菇切成丝细，鸡蛋黄打散，待用；

3. 将炒锅加油置旺火上，投入葱段煸出香味，舀入鸡汤煮沸，加入料酒、笋丝、冬菇丝、再煮沸后，将鱼肉同蛋黄、豆腐原汁落锅，加酱油、精盐、醋搅匀，起锅装盘，撒上菊花、熟火腿丝、姜丝和胡椒粉即可。

孕26周重要指示：保证良好的睡眠

这周，准妈妈可能会觉得心神不安，睡眠不好，经常做一些记忆清晰的噩梦，这是你在怀孕阶段对即将承担的母亲的重任感到忧虑不安的表现。这是正常的，准妈妈也不必为此自责。关键是你应该为了你的胎宝宝的健康发育保持良好的心境。准妈妈可以向丈夫或亲友诉说你的内心感受，他们也许能够帮助你放松下来。

孕 27 周

胎宝宝开始吮手指

胎宝宝的发育细节

现在，胎宝宝的体重已有 900 克左右了。胎宝宝的肺继续发育，味蕾、虹膜、睫毛已基本形成。所以，此刻他能感觉不同的味道，还能觉察光线的变化。他出生后就能分辨亮和暗，所以他对黑白的东西更感兴趣。胎宝宝的听觉神经系统也已基本发育完全，同时对外界声音刺激的反应也更为明显。这时胎宝宝的气管和肺部还未发育成熟，但是他的呼吸动作仍在继续。当然他是在水中呼吸而不是在空气中。现在的胎宝宝，吸吮手指可是他的强项。胎宝宝也在慢慢地变胖了。

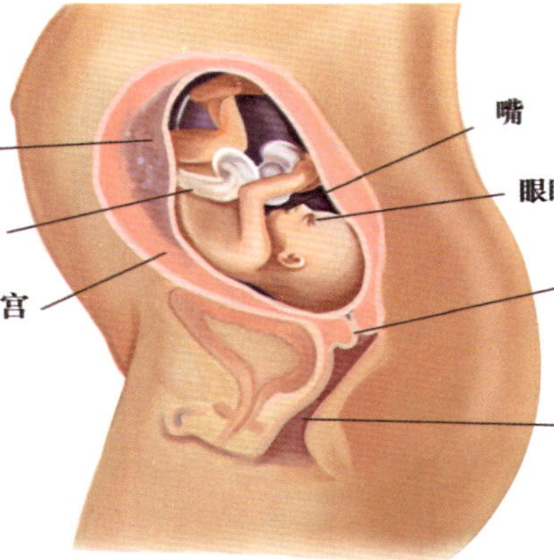

准妈妈的身体变化

本周准妈妈的羊水量下降了一半。当宝宝踢腿和转身时，准妈妈甚至可能看见胎宝宝骨骼较大的膝盖和肘部从你的腹部鼓起一个小包。自己洗脚、系鞋带都很困难。准妈妈的腿部抽筋很可能会越来越严重。腿部抽筋一般发生在晚上，但在白天也有可能发生。伸展小腿肌肉，脚趾向前伸直，然后向胫骨处勾脚，能够起到一定的缓解作用。

本周胎教要点

怀孕 7 个月后，就可以给宝宝正式“上课”了。准妈妈先以信号提示宝宝，可以用手轻拍 3 下腹部，告诉胎宝宝现在开始上课，宝宝要静静地听。一般以早上醒来以后讲话的形式为主，下班回家和晚上临睡前则采用文字训练或音乐训练的形式。这样的训练一般 5 ~ 10 分钟一次，每天进行 3 次。

做个漂亮的折纸吧

在孕期，准妈妈多做手工可以让宝宝心灵手巧哦！折纸对准妈妈来说也是一种很有益的活动。在准妈妈怀着欣喜的心情，等待着小宝宝到来的日子里，动动手、动动脑，无论对身体和心情都是非常有益的。更重要的是，它可以通过这样的方式达成母子（女）间的对话，让准妈妈提前享受做母亲的快乐。准妈妈，别犹豫了，快来动手做个漂亮的折纸吧！

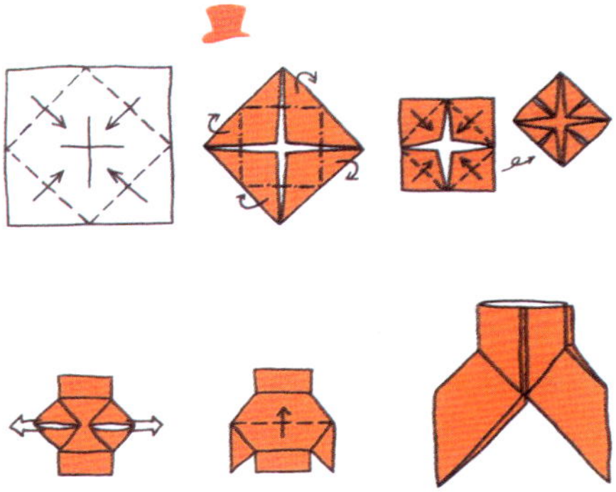

童话故事：冬天的风

童话作为一种文学形式，能让准妈妈通过书本就能体验奇妙的世界。童话也需要准妈妈用心地品读。当准妈妈全神贯注于童话世界时，也就会更能理解这为儿童而书写的文学作品的美妙之处。准妈妈，本周就请以阅读文学书籍的心情来读这篇童话吧！

冬天的风，是个爱吹口哨的淘气的小男孩儿。

它一会儿吹到东，一会儿跑到西，它到了哪儿，哪儿就会活跃起来。

冬天的风，特别爱跟人开玩笑。

小棕熊特别怕冷，一到冷天它就钻在家里烤火炉。冬天的风使劲儿地拍打窗户，催它到外面做游戏打雪仗。

小棕熊来到院子里，跟小山羊、小白兔一起滚雪球。冬天的风调皮地揉搓它们的脸蛋，把它们的小鼻子揉得红红的。小鸟们站在电线杆上举办冬季音乐会，冬天的风像一位神气的琴师为小鸟们伴奏。

冬天的夜晚，给山村笼罩了一张神秘的天幕。冬天的风像一位善讲故事的故事大王，给小棕熊、小山羊、小白兔和小鸟们倾诉着古老的传说故事。

呜——呜——

每天晚上，冬天的风都这样讲着。

冬天的风，肚里有讲不完的故事。

一直讲到第二年开春冰雪消融，冻土松动。

冬天的风向小棕熊、小山羊、小白兔和小鸟们告别：

再见了……

民间艺术：桃花坞年画

年画是中华民族祈福迎新的一种民间工艺品，是一种承载着人民大众对未来美好憧憬的民间艺术表现形式。欣赏优美的年画作品，容易让准妈妈产生幸福而美好的感受。准妈妈越是觉得生活美好，胎宝宝才会越发得健康快乐哦！

桃花坞年画简介

桃花坞年画是江南水乡的特产，图文并解，具有连环画故事风格。长期以来运用简单的手工方式制作，色彩有红黄绿黑蓝五种颜色。在无数雕版和印刷工人的精心制作下，桃花坞年画不仅色彩绚丽夺目，而且构图精巧，形象突出，主次分明，富于装饰性，形成一种优美清秀、严密工整的民族艺术的独特风格。

桃花坞年画形式

门画、中堂和屏条是桃花坞木刻年画的几种主要形式。年画内容分布神像、戏文、吉祥喜庆、民间故事、风俗世事等类型。

桃花坞木刻年画起源于明代，盛行于清朝雍正、乾隆年间，它接近民间生活，富于装饰性，又价廉物美。

桃花坞年画特点

桃花坞年画的特点是：以木版雕刻，用一版一色传统水印法印刷。构图丰满，色彩明快，富有装饰性；多用民间故事、吉祥喜庆、神像、戏文、时事为题材，以象征、寓意、夸张手法，来表达人们美好的愿望。曾广泛流传于江南一带和中国许多地方，而且远渡重洋流传到日本、英国和西德，特别是对日本的“浮世绘”产生了重要影响，被海外媒体誉为“东方古艺之花”。

语言胎教：绕口令

绕口令其实也是一门特殊的语言艺术，多练练绕口令不仅会缓解准妈妈的紧张情绪，对胎宝宝未来的语言及思维发展也具有极大的促进作用。准妈妈现在就来练练吧！这也是一种非常好的胎教形式，这会使胎宝宝产生愉悦感。

大奋拉尾巴耳朵狗

南边来了他大大伯子家的大奋拉尾巴耳朵狗，
北边来了他二大伯子家的二奋拉尾巴耳朵狗。
他大大伯家的大奋拉尾巴耳朵狗，
咬了他二大伯家的二奋拉尾巴耳朵狗一口；
他二大伯家的二奋拉尾巴耳朵狗，
也咬了他大大伯家的大奋拉尾巴耳朵狗一口。
不知是他大大伯家的大奋拉尾巴耳朵狗，
先咬了他二大伯家的二奋拉尾巴耳朵狗；
还是他二大伯家的二奋拉尾巴耳朵狗，
先咬了他大大伯家的大奋拉尾巴耳朵狗。

九与酒

九月九，
九个酒迷喝醉酒。
九个酒杯九杯酒，
九个酒迷喝九口。
喝罢九口酒，
又倒九杯酒。
九个酒迷端起酒，
“咕咚、咕咚”又九口。

孕27周营养小贴士

从现在开始到分娩，应该增加谷物和豆类的摄入量，因为胎宝宝需要更多的营养。可多食富含纤维和B族维生素的食物，对胎宝宝大脑的生长发育有重要作用，而且可以预防便秘。比如全麦面包及其它全麦食品、豆类食品、粗粮等，准妈妈都可以多吃一些。

谷类食谱：红薯粳米枣粥

材料：

鲜红薯150克，红枣20枚，粳米250克。

做法：

1. 将红薯去皮，洗净，切成小丁；红枣洗净；

2. 将锅置火上，加适量清水，放入粳米、红枣、红薯，先用旺火煮开，后改用文火煮至饭熟即成。

孕27周重要指示：做一次血液检查

这周，准妈妈应该做一次血液检查，一些准妈妈会在此时发生孕期糖尿病或贫血症状加重，应该根据医生的建议进行防治。在饮食上除了应该注意多吃一些含铁丰富的食物外，还应注意多吃一些含维生素C较多的食品，以帮助身体吸收更多的铁质。

孕28周

胎宝宝喜欢妈妈的声音

胎宝宝的发育细节

到这一周，胎宝宝的睫毛也已经完全长出来了。他的脂肪层在继续积累。他的眼睛既能睁开也能闭上，而且已形成了自己的睡眠周期。有趣的是，他甚至会把自己的大拇指或其他手指放到嘴里去吸吮。胎宝宝的肺已经能呼吸了，体重也在一点点增加。胎宝宝现在最喜欢的就是妈妈的声音，如果现在妈妈和他对话，他会以胎动来回应。

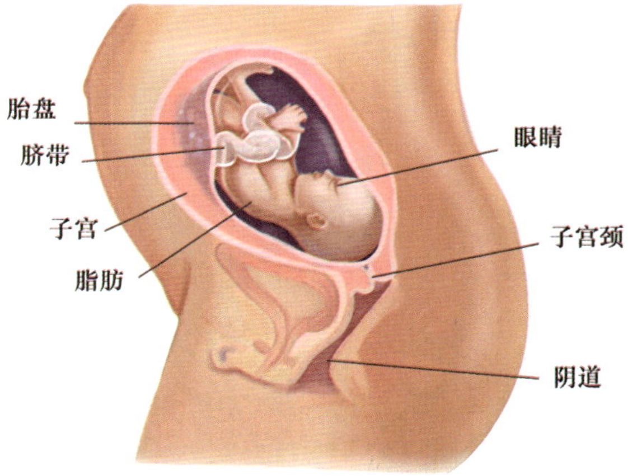

准妈妈的身体变化

马上就要进入孕晚期了，这时由于腹部迅速增大，准妈妈会感到很容易疲劳，脚肿、腿肿、痔疮、静脉曲张等等都使准妈妈感到不适。离分娩已经不是很遥远了，如果准妈妈还没有参加分娩课，那么自己也应该认真了解一下与分娩有关的知识了。

本周胎教要点

准妈妈每时每刻都能感觉到宝宝的存在，此时，准妈妈动手为宝宝做一些可爱的手工艺品，不仅可以传达母爱，还可以起到暗示作用，能使准妈妈产生美好的遐想，起到母子通信的效果。

名画欣赏：印象·日出

准妈妈，还记得你有多久没看过日出了吗？那种太阳从地平线一点一点升起的光彩，准妈妈有多久没感受到了呢？现在，准妈妈可以在画中来欣赏日出！

这幅名画是莫奈于1873年在阿弗尔港口画的一幅写生画。他在同一地点还画了一张《日落》，在送往首届印象派画展时，两幅画都没有标题。一名新闻记者讽刺莫奈的画是“对美与真实的否定，只能给人一种印象”。莫奈于是就给这幅画起了个题目——《日出·印象》。它作为一幅海景写生画，整个画面笼罩在稀薄的灰色调中，笔触画得非常随意、零乱，展示了一种雾气交融的景象。日出时，海上雾气弥蒙，水中反射着天空和太阳的颜色。岸上景色隐隐约约，模模糊糊看不清，给人一种瞬间的感受。

宝宝学唐诗

本周准妈妈可以再为胎宝宝读读经典古诗，准妈妈可能会问：胎宝宝会喜欢唐诗吗？放心，只要准妈妈用温柔又甜美的声音念给胎宝宝听，他是不会觉得厌烦的。要知道，胎宝宝的接受能力可是很强的哦！

相思

王维

红豆生南国，
春来发几枝？
愿君多采撷，
此物最相思。

赏析

红豆，象征爱情与相思。相传古代有个征夫死在边地，他的妻子在树下大恸而死，化为红豆，所以又名相思子。本诗四句正好分别为陈述句、疑问句、祈使句、感叹句。通过对红豆的赞美，寄托了最为深厚而真挚的相思。文辞清新，构思新奇，余韵悠悠，情感细腻。

音乐胎教：田园

本周，准妈妈可以开始延长自己享受音乐的时间了，每天1～2次，每次15～20分钟。因为，胎宝宝这时已经能感受音乐，这种感情的、心灵的语言，它能使胎宝宝张开幻想的翅膀，随着优美的旋律，翱翔在海阔天空。现在，准妈妈就来听听这首贝多芬的《田园》吧，它一定会给准妈妈带来舒适的感受，就让你和宝宝在这细腻的乐曲声中享受音乐的美好！

赏析

F大调，第六号交响曲——《田园》是贝多芬最著名的代表作之一。这首曲子通过对大自然和农村生活景象的描写，反映了人的崇高精神世界以及自然和生活的伟大。

《田园》是一首基调非常优美、轻松、愉快的乐曲，也是一首细腻动人、朴实无华、宁静而安逸的交响曲。听着这首乐曲，准妈妈会感到一种明亮的舒适，感到心灵的愉快和感激。当美妙的牧歌和民间舞曲的旋律在空气中飞扬时，听音乐的人仿佛能看到这样的景象：一个伟大的躯体躺倒在淳朴的乡民当中深切地呼吸，仿佛一个疲惫的人在清晨柔风拂过的原野中轻轻地睡着了……

孕28周营养小贴士

许多医生建议准妈妈多吃鱼。因为最佳的健脑食物中含有较多的不饱和脂肪酸，而鱼和贝类便具有这样的特点。制造脑细胞有赖于这些不饱和脂肪酸。与陆生动物相比，鱼肉中含游离氨基酸、牛磺酸、和氧化三甲胺等较多。为了预防水肿，你可以多吃一些鲤鱼、鲫鱼、黑豆、冬瓜等有利水作用的食品，以利于体内水分由肾排出，缓解水肿症状。此时，准妈妈还要注意预防孕期糖尿病。已经出现尿糖阳性的准妈妈应在医生的指导下，适当控制饮食或者用药，并加强对胎宝宝的监护。

健脑美食：烩滑鱼

材料：

鲤鱼、木耳、韭菜、黄瓜、鸡蛋、面粉、腐乳、水淀粉各适量。

做法：

1. 将鲤鱼洗净切成鱼条。放碗内，打入鸡蛋，加水淀粉、盐、面粉，搅拌均匀；

2. 将黄瓜切成长方片；韭菜切寸段；锅烧热，放油，油温后将鱼条下勺，炸透，成金黄色捞出；

3. 锅中留底油，用葱、姜炝锅，烹料酒、酱油、打高汤，下木耳、韭菜头、黄瓜，加味精、酱豆腐、醋、蒜末，挂芡，淋香油，下鱼，稍炖出勺。

孕28周重要指示：做做乳房按摩

怀孕后乳房腺泡和乳腺导管大量增生，结缔组织充血。到了4个月时乳头分泌少量黄色黏液，乳晕皮脂腺也增加了分泌。到了28周后，准妈妈可以适当做乳房按摩，这是分娩后能够顺利为胎宝宝进行哺乳的第一步。

PART8 孕8月

宝宝快速成长进行时

胎宝宝在这个月长得很快。

孕29周
胎宝宝的活动范围变小了

胎宝宝的发育细节

这时胎宝宝体重大约有1.3千克。这时胎宝宝的皮下脂肪已初步形成，看上去比原来显得胖一些了。胎宝宝的脑和内脏器官还在继续发育中。因为脑的沟回增多，神经细胞之间的联系使得脑的作用加强了，胎宝宝还能控制呼吸和体温。头和身体的比例已经协调，眼睛已经能转动，对光线、声音和味道的感觉更强了。虽然他爱运动，但日益增大的身体已经限制了他在子宫内的活动范围。

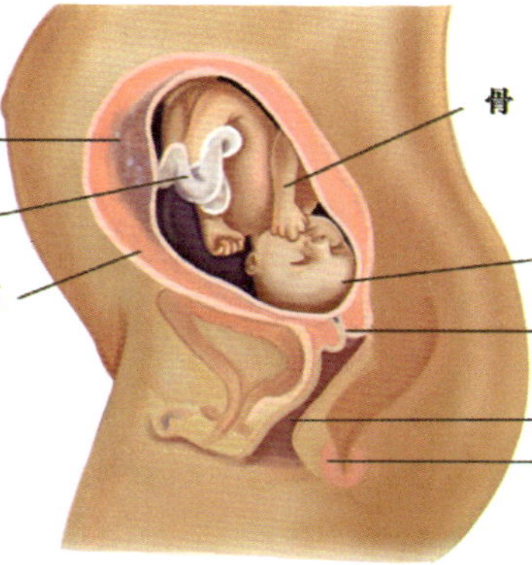

准妈妈的身体变化

孕29周，准妈妈子宫比肚脐高7.6～10.2厘米，从耻骨联合处量起约29厘米。现在子宫所在的位置会对膀胱造成压力。准妈妈可能感觉又回到了孕期的头3个月，频繁地上厕所，总感觉膀胱里的尿排不净，甚至在笑、咳嗽或者轻微运动时，也会有尿排出。当准妈妈走路多或者身体疲劳时会感到肚子一阵阵地发紧，这是正常的不规律宫缩。仰躺时，会感到头晕，心率和血压会有所变化。如果从仰躺变为侧躺，症状就会消失。

本周胎教要点

当准妈妈觉得有胎动或胎动较活跃时，可以同胎宝宝讲话，对话时，应保持室内安静。与胎宝宝对话是训练听觉能力和建立母子亲情的最主要手段。妊娠后，可以有计划地持续进行对话，还可结合实际生活出现的各种事情，不断扩大对话的内容和对话的范围。

宋词欣赏：点绛唇

唐诗宋词，是让胎宝宝学习中国文化，锻炼胎宝宝的语言、记忆等能力的一个重要途径。准妈妈读读宋词，说不定胎宝宝也能体会到宋词的这种意境美！

点绛唇

（宋）李清照

蹴罢秋千，
起来慵整纤纤手。
露浓花瘦，
薄汗轻衣透。
见有人来，
袜划金钩溜，
和羞走。
倚门回首，
却把青梅嗅。

赏析

李清照这首《点绛唇》语言质朴，形象生动逼真，不但有心理描写，而且有一定的深意。

这首词的上片用“慵整纤纤手”、“露浓花瘦，薄汗轻衣透”，给读者描绘出一个身躯娇小、额间鬓角挂着汗珠、轻衣透出香汗、刚下秋千的如花少女天真活泼、憨态可掬的娇美形象。紧接着，词人转过笔锋，使静谧的词境风吹浪起，写少女忽然发现有人来了，她匆匆忙忙地连鞋子也顾不上穿，光着袜子，害羞地朝屋里就跑，头上的金钗也滑落了。但是，她害羞地跑到门边，却没有照常理立刻躲进屋里去，而是“倚门回首，却把青梅嗅”。

李清照这两个短句成功地写出了少女的情态，也生动地表露了少女的内心世界。她嗅青梅，不是真的嗅，而是用以表现其若无其事来遮掩她的紧张。这表现了她的天真、勇敢，表现了她对封建礼教束缚轻视的一面。

脑筋急转弯

在孕期，准爸爸也要参与胎教，多和胎宝宝聊聊。比如给准妈妈出一些脑筋急转弯，在准妈妈放松的同时，也可以锻炼胎宝宝的思维能力哦！

1. 小红和小丽是同学，也住在同一条街，她们总是一起上学，可是每天一出家门就一个向左走，一个向右走，这是怎么回事呢？

2. 早晨醒来，每个人都会去做的第一件事是什么？

3. 如果你有一只下金蛋的母鸡，你该怎么办？

4. 要想使梦成为现实，我们干的第一件事会是什么？

5. 什么东西人们都不喜欢吃？

（答案见 155 页）

给胎宝宝画个像吧

准妈妈对即将出世的宝宝一定满怀期待，在准妈妈和准爸爸的心里也一定对宝宝的长相有自己的想象。在你心中，他的眼睛像妈妈还是像爸爸？是不是拥有妈妈高高的鼻梁？笑起来的时候是不是也像爸爸那样，眯起眼睛，憨憨的？不如凭着自己的想象给宝宝画一幅画像吧，等宝宝出生后，可以对比一下，看看是不是和你的想象一样呢？

准妈妈可以和丈夫一起画出胎宝宝的脸庞，并想象“我们的孩子肯定会很漂亮，脸蛋红如苹果，皮肤白似雪”。这时，腹内的胎宝宝也会十分高兴，他准会说：“我的爸爸妈妈真爱我。”

民歌欣赏：在那遥远的地方

本周，准妈妈可以给胎宝宝唱这首《在那遥远的地方》，这首歌辽阔优美，胎宝宝听了可以心神安宁，对准妈妈也是一种美的享受哦！

在那遥远的地方

在那遥远的地方，有位好姑娘，人们走过她的帐房，都要回头留恋地张望。她那粉红的笑脸，好像红太阳，她那活泼动人的眼睛，好像晚上明媚的月亮。

我愿抛弃了财产，跟她去放羊，每天看着那粉红的笑脸和那美丽金边的衣裳。我愿做一只小羊，跟在她身旁，我愿她拿着细细的皮鞭，不断轻轻打在我身上。

孕29周营养小贴士

西瓜富含多种维生素，可以补充准妈妈体内为满足胎宝宝营养需要而损耗的维生素，并且具有利尿消肿的作用。需要注意的是，患有妊娠糖尿病的准妈妈最好不要吃。到了第8个月以后，由于子宫不断增大，慢慢顶住胃部，因此，准妈妈往往吃一点就有了饱胀感。你可以少吃多餐，每天吃7～8次都可以。

清凉美食：西瓜冻

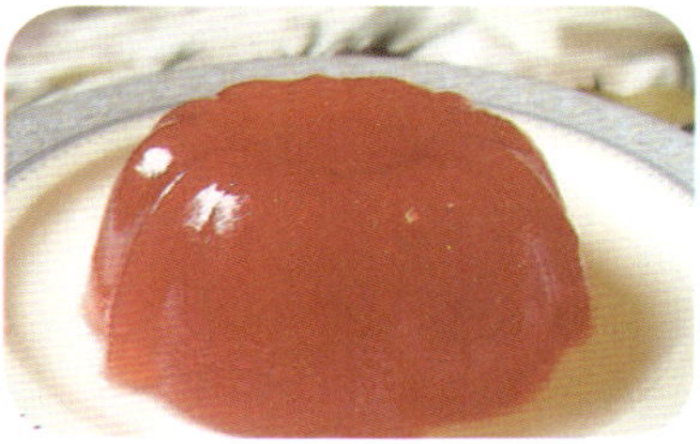

材料：

豆瓣菜15克，西瓜2500克，白砂糖500克。

做法：

1. 将西瓜剖开，用汤匙挖出瓜瓤，将瓜汁倒在碗内；
2. 锅内放清水1000克，加豆瓣菜，煮至菜溶化时放白糖再煮；
3. 放西瓜汁，西瓜瓤同时下锅烫一下随即捞起。
4. 把瓜瓤铺在清洁的搪瓷盘中，将锅中的洋菜糖水浇在上面，用筷子把西瓜瓤放匀。
5. 待其冷透凝结，然后加盖放入冰箱里冰冻。
6. 冰好后取出，用刀切成斜方块即成。

孕29周重要指示：预防衣原体病毒感染

衣原体感染是一种常见的性传播疾病。妊娠期间，准妈妈可在新生儿通过产道时将衣原体传染给婴儿，这些新生儿中患衣原体感染的概率是20%～50%。所以需要你检查是否感染衣原体。可以去医院做一个“快速诊断试验”，及时发现，及时治愈。

孕30周

胎宝宝的性征明显了

胎宝宝的发育细节

胎宝宝现在约重1.5千克左右，从头到脚长约40厘米。胎宝宝的大脑和神经系统已发达到了一定程度，几乎大多数胎宝宝此时对声音都有了反应。胎宝宝的头发更密了，眼睛能够睁合，骨髓开始造血，骨骼开始变硬，皮下脂肪继续增长，脚趾也在生长。男孩的睾丸这时正在从肾脏附近的腹腔，沿腹沟向阴囊下降的过程中；女孩的阴蒂已突现出来，但还未被小阴唇所覆盖。现在胎宝宝已经喜欢头朝下的姿势了，这可是标准的分娩姿势。

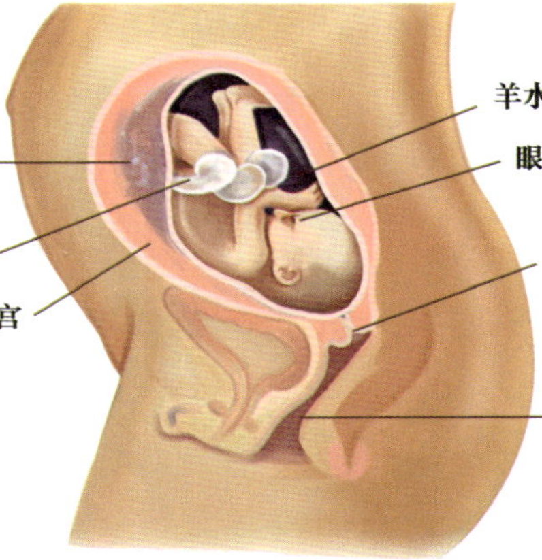

准妈妈的身体变化

孕30周，准妈妈会感到身体越发沉重，肚子大得看不到脚下，行动越来越吃力，呼吸困难，胃部不适。再过几周，随着胎宝宝头部开始下降，进入骨盆，不适感会逐渐减轻。随着催乳素数值在体内上升，有些准妈妈的乳房甚至会开始分泌初乳。现在已经到了孕晚期，准妈妈的白带会越来越多。

本周胎教要点

胎宝宝虽然还没有出生，但他们在子宫里已经表现出不同的个性了，有的好动，有的好静。如果宝宝活泼好动，多听一些音色优美悦耳、节奏平和柔缓、令人想象无边的乐曲。另外，弦乐器所发出的声音对胎宝宝来说更为柔和。适合胎宝宝的音乐最好多次让他们倾听，反复的声波经过不断强化可促进右脑发育，会使胎宝宝对音乐有特别的记忆。

民间艺术：麦草画

麦草画又叫麦秆画，是始于隋唐时代的宫廷工艺品。它和剪纸、布贴一样，是一种剪贴艺术。麦秆要经过熏、蒸、漂、刮、推、烫以及剪、刻、编、绘等多道工序，依麦秆本身的光泽、纹彩和质感，一般不着色，根据需要进行剪裁和粘贴而成。麦秆画具有光泽透亮、装饰效果好、艺术感染力强等优点，制作出的人物、花鸟、动物栩栩如生，活灵活现，给人以古朴自然、高贵典雅之美。

麦草画的材料只有一种——小麦麦秆，颜色全部用烙铁烫出来，无任何染色。金子般的颜色，然后通过深浅不一的色彩过渡，达到单一颜色表现整体色彩的效果。

麦草画古朴典雅，惟妙惟肖，富有立体感层次感，散发出自然光泽，极其赏心悦目。

音乐欣赏：渔舟唱晚

现在，胎宝宝对音乐的欣赏能力已经大大提高了，准妈妈的身体也越来越沉重。有的准妈妈这时会感觉焦虑、失眠，不妨听一些悠扬、宁静的乐曲，比如这首《渔舟唱晚》。这首乐曲乐声悠扬，意境旷达，准妈妈在失眠的时候听，心绪能够宁静下来，渐渐入眠，也能让胎宝宝得以健康地成长。

赏析

古筝曲《渔舟唱晚》，标题取自唐代王勃《滕王阁序》里“渔舟唱晚，响穹彭蠡之滨”中的“渔舟唱晚”四字。乐曲以歌唱性的旋律，描绘了江南水乡晚霞辉映下渔人载歌而至、月光如水、万家灯火的动人画面，表现了心情喜悦的渔民悠悠自得、片片白帆随波逐流、渔舟满载而归的情景。

这首乐曲适合于准妈妈在睡眠不好时听，可让自己的思绪沉静到傍晚的水波上，在渔舟的轻摇慢曳中静静睡去……

准爸爸讲故事:躲在树上的雨

准妈妈还在给你的胎宝宝讲故事或听音乐吗?胎教一般多是针对准妈妈而言的,而忽视了准爸爸的作用。实际上,准爸爸在胎教中的作用也是不可忽视的。在某种意义上说,聪明健康的小宝宝诞生,在很大程度上取决于准爸爸。在整个胎教过程中,“夫妻同唱一台戏”,准爸爸的位置的确举足轻重。

此时,可以让准爸爸一边抚摸着准妈妈的的肚子,一边和胎宝宝说说话,让腹中的宝宝感受浓浓的父爱吧!

躲在树上的雨

春天过去了。

小鼹鼠盼望着第一阵夏雨的到来。他天天盼。

一个闷热的午后,小鼹鼠在洞里睡熟了,睡得好熟好熟。一声低沉的雷声,没有能惊醒他;一阵沙沙的大风,也没有惊醒他。紧接着,小鼹鼠盼望了好久的夏雨,“淅沥沙啦”地来了。

等到小鼹鼠睡醒了,他听到洞外仿佛有雨声,便一阵风似地冲了出去。

可是,晚了。雨停了,风停了,太阳公公从一朵云后面探出脸来,朝小鼹鼠笑着。

小鼹鼠笑不出来,他快要哭了,他好伤心。

这时,一只小黑熊走了过来,当他问清了小鼹鼠为什么不高兴时,就笑了。

他领着小鼹鼠来到一棵梧桐树下,小黑熊说:

“准备着吧,鼹鼠先生,今年的第一场夏雨来了!”说完,就使劲地摇着梧桐树。停在树叶上的水珠儿“淅沥沙啦”地落下来,就跟密密麻麻的雨点儿一样。

小鼹鼠抬着头,张开双臂喊了起来:

“哦,第一场夏雨来了,真凉快,真舒服啊!”雨点儿把小鼹鼠淋了个痛快,小黑熊自己也湿透了。

小鼹鼠对小黑熊说:“谢谢你,小黑熊先生。你送给了我一阵雨,一阵躲在树上的夏雨!”

孕30周营养小贴士

孕晚期，准妈妈应该多喝一些牛奶，每天最好喝两杯（500毫升）。不爱喝牛奶的准妈妈也可以喝豆浆，吃豆制品、海带和紫菜，这些食物中钙的含量也很高，特别是海带和紫菜中还含有丰富的碘，有利于宝宝发育。

高钙美食：海带肉丝蛋汤

材料：

海带丝100克，鸡蛋1只，瘦猪肉丝20克，味精、麻油、胡椒粉、葱段等适量。

做法：

1. 待锅中水开后，将打好的鸡蛋、肉丝及食盐放入锅内做成汤；
2. 再把海带丝和味精、麻油、胡椒粉、葱段等调料放入盘中，将汤冲入即可。

孕30周重要指示：定期进行产检

怀孕晚期进入整个孕期的冲刺阶段，这段时间的产检变得非常必要，次数也相应增多，这是为了保证妈妈和胎宝宝在生产前都拥有健康的身体和做好临产的充分准备。

149页“脑筋急转弯”答案：

1. 因为他们家门是相对的。
2. 睁眼。
3. 不要再做梦了。
4. 醒来。
5. 亏。

孕31周

胎宝宝的眼睛变化明显

胎宝宝的发育细节

这时胎宝宝的肺部和消化系统已基本发育完成，身长增长减慢而体重迅速增加。这周，胎宝宝能够把头从一侧转向另一侧，眼睛时开时闭，他大概已经能够看到子宫里的景象，也能辨别明暗，甚至能跟踪光源。现在胎宝宝周围大约有850毫升的羊水，但随着胎宝宝的增大，他在子宫内的活动空间越来越小了，胎动也有所减少。

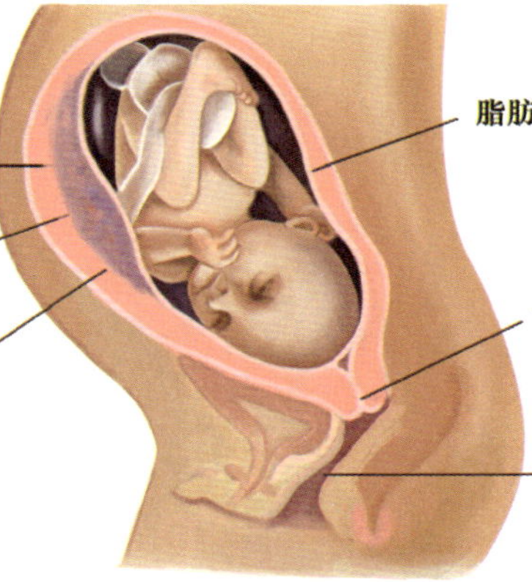

准妈妈的身体变化

进入孕31周，准妈妈子宫底已上升到了横膈膜处，准妈妈会经常感到呼吸困难，喘不上气来，胃里不舒服，特别是吃完饭后。这种症状大约到孕34周，胎宝宝头部下降，进入骨盆时就可以缓解了。在本周，准妈妈会发现最近体重增加得特别快，这是因为宝宝这时生长的速度很快。这周，有的准妈妈身体上的妊娠纹会更加明显。

本周胎教要点

作为一个准妈妈，与胎宝宝不仅血肉相连，而且在心理上也有着联系。准妈妈的一言一行、一举一动都将对胎宝宝产生潜移默化的影响。这一周，准妈妈不妨让腹中的胎宝宝“看一看”经典艺术作品，或者翻翻漂亮的摄影、艺术、室内设计类杂志，还可以用对话胎教轻轻告诉孩子你的观察和心得。

名画欣赏：罗浮觅句图

本周，胎宝宝已经8个多月了，现在准妈妈可以给胎宝宝介绍一些艺术作品了，让宝宝在妈妈肚子里就开始感受艺术的魅力。本周，推荐准妈妈欣赏齐白石的《罗浮觅句图》。

这幅画是齐白石在风寒冬深之夜难以入眠时的有感之作。作者想起自己在罗浮山时所见的千株梅花竞相开放，心情起伏难平。画面在章法上仍是远山、近岸，但用笔已不同于古人，一大片墨林中，几间房屋错落有致，一雅士携小童在林中散步，面对如繁星闪闪的万千朵梅花，正在酝酿诗句。齐白石画山水构思奇巧，只几笔便把所要表达的事物形神兼备地呈现于画面上，形成个人独有的风格。

齐白石其人其作

齐白石是我国20世纪著名画家和书法篆刻家。齐白石出身贫寒，做过农活，幼年曾跟随叔祖父学过木匠，后改学雕花木工，从民间画工入手，曾习古人真迹，摹《芥子园画传》并据以作雕花新样。他学诗文书法，游山川名胜，作幕僚寓客，终于成了诗、书、印、画全人神品的千古伟人。

他的画作以经典的笔墨意趣传达了中国画的现代艺术精神，为现代中国绘画史创造了一个质朴清新的艺术世界，并使中国画得到国际的重视；他朴实谦虚、自信自强的精神，使他的作品刚柔兼济，工书俱佳。其山水画表达了他对自己艺术创新的自信与深刻体悟，人物画长于传神达情，书法作品以简约大方、雄健浑厚的笔意融入人物画中，完善了人物内在的神情的表达。

和宝宝一起去看场木偶戏

木偶戏是用木偶来表演故事的戏剧，由演员在幕后操纵木制玩偶进行表演，在中国古代又称傀儡戏。表演时，演员在幕后一边操纵木偶，一边演唱，并配以音乐。根据木偶形体和操纵技术的不同，有布袋木偶、提线木偶、杖头木偶、铁线木偶等。中国木偶戏历史悠久，三国时已有偶人可进行杂技表演，隋代则开始用偶人表演故事。

音乐胎教：致爱丽丝

轻快优美的旋律，对培育优质胎宝宝有着绝对的益处，可以让准妈妈沉浸在音乐的国度中，自然而无拘无束地感受音乐的魅力，从而获得稳定而愉快的心情，进一步刺激胎宝宝大脑的成长。这首《致爱丽丝》纯朴而亲切，是一首流传颇广的曲子，胎宝宝应该也是喜欢的哦！

赏析

《致爱丽丝》是贝多芬的一首名曲，在中国民间也是广为流传，可见其影响力之深。准妈妈在乐曲声中可以体会到，《致爱丽丝》基于一个纯朴而亲切的主题。这个主题把特蕾莎温柔、美丽的形象作了概括的描绘，给人留下了极为深刻的印象。

贝多芬一生没有结过婚，但是，他一直盼望着能得到一位理想的伴侣。1808 ~ 1810 年间，贝多芬已经是近四十岁的人了。他教了一个名叫特蕾莎·玛尔法蒂的女学生，并对她产生了好感。在心情非常甜美、舒畅的情况下，他写了一首《致特蕾莎》的小曲赠给她。1867 年，在斯图加特出版这首曲子的乐谱时，整理者把曲名错写成《致爱丽丝》。

散文欣赏：笑

冰心的文章，大多充满了温情和美好，充满了孩子气，是非常适合准妈妈阅读的。有空多看看冰心的文章，对于准妈妈稳定心绪可是非常有效的！一起来读冰心的散文《笑》吧！

笑

冰心

雨声渐渐的住了，窗帘后隐隐的透进清光来。推开窗户一看，呀！凉云散了，树叶上的残滴，映着月儿，好似萤光千点，闪闪烁烁的动着。——真没想到苦雨孤灯之后，会有这么一幅清美的图画！凭窗站了一会儿，微微的觉得凉意侵入。转过身来，忽然眼花缭乱，屋子里的别的东西，都隐在光云里；一片幽辉，只浸着墙上画中的安琪儿。——这白衣的安琪儿，抱着花儿，扬着翅儿，向着我微微的笑。

"这笑容仿佛在那儿看见过似的，什么时候，我曾……"我不知不觉的便坐在窗口下想，——默默的想。

严闭的心幕，慢慢的拉开了，涌出五年前的一个印象。——一条很长的古道。驴脚下的泥，兀自滑滑的。田沟里的水，潺潺的流着。近村的绿树，都笼在湿烟里。弓儿似的新月，挂在树梢。一边走着，似乎道旁有一个孩子，抱着一堆灿白的东西。驴儿过去了，无意中回头一看。——他抱着花儿，赤着脚儿，向着我微微地笑。

"这笑容又仿佛是那儿看见过似的！"我仍是想——默默的想。

又现出一重心幕来，也慢慢的拉开了，涌出十年前的一个印象。——茅檐下的雨水，一滴一滴的落到衣上来。土阶边的水泡儿，泛来泛去的乱转。门前的麦陇和葡萄架子，都濯得新黄嫩绿的非常鲜丽。——一会儿好容易雨晴了，连忙走下坡儿去。迎头看见月儿从海面上来了，猛然记得有件东西忘下了，站住了，回过头来。这茅屋里的老妇人——她倚着门儿，抱着花儿，向着我微微的笑。"

这同样微妙的神情，好似游丝一般，飘飘漾漾的合了拢来，绾在一起。这时心下光明澄静，如登仙界，如归故乡。眼前浮现的三个笑容，一时融化在爱的调和里看不分明了。

孕31周营养小贴士

宝宝现在身高增长减慢而体重迅速增加，说明他需要蛋白质和能量。为了宝宝的生长，准妈妈要尽量摄入优质蛋白质、适量的脂肪、充足的碳水化合物及各种维生素、矿物质。这周，准妈妈会感到呼吸困难，子宫底已上升到横膈膜处，进食后总是觉得胃里不舒服，影响了食欲。这时最好少吃多餐，以减轻胃部的不适。

健脾开胃美食：枸杞白菜奶汁汤

材料：

白菜心5克，牛奶50克，味精0.5克，鸡汤150克，枸杞10克。

做法：

1. 白菜去筋洗净，切成4.5厘米长，1.5厘米宽的条，放入水中煮熟捞出，控去水分；

2. 另锅置火上，放入食油烧热，例入汤，再加入味精、精盐、白菜，烧一两分钟，放入牛奶，开锅后，勾入淀粉，淋上鸡油，撒上洗好的枸杞子，盛入盘中即可。

孕31周重要提示：注意假性宫缩

到了怀孕最后期，子宫收缩会令准妈妈感到很不舒服，这称为假性宫缩。假性宫缩是真正分娩前连续许多天的宫缩，发生频繁，没有剧疼，不规律，间隔时间也长。这时候的宫缩，很难与进入待产的真正阵痛区分，有时候必须到医院检查与进一步观察才能知道。出现假性宫缩一定要引起重视，宫缩频繁很可能会引起早产。准妈妈可卧床休息，切忌劳累和兴奋。

孕32周

胎宝宝的指甲长全了

胎宝宝的发育细节

现在胎宝宝大概重达2千克，长约42厘米。胎宝宝依然热衷于睁眼闭眼的工作。他的手指甲和脚趾甲已经完全长出来了。有些宝宝可能已经长出了满头的头发或者绒毛。此时，胎宝宝的肺和胃肠功能接近成熟，已具备呼吸能力，能分泌消化液。他喝进的羊水，经过膀胱再排回羊水中。

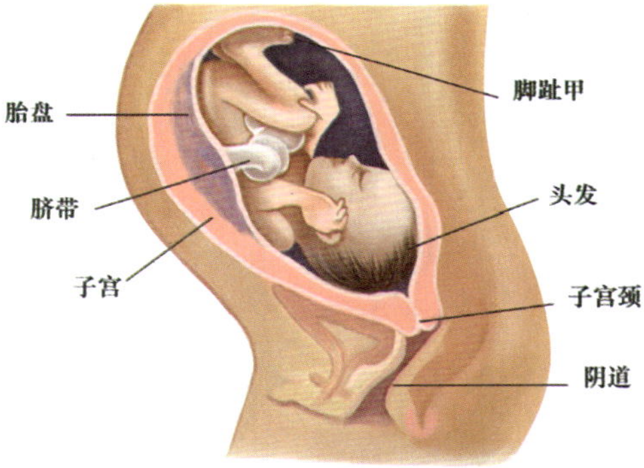

准妈妈的身体变化

准妈妈继续以每周0.45千克的速度增重。准妈妈会感觉更加地疲惫，腹部增加的重量会改变准妈妈的体形和身体的重心。准妈妈感到下背痛或臀部及大腿部的疼痛，这是由于这个时期准妈妈的腹部肌肉受到拉伸，激素让韧带变得更加松弛，增大的子宫甚至还会压迫到一些神经。

本周胎教要点

距离分娩期越来越近，准妈妈难免心情紧张，所以，听一些放松心情的音乐是非常必要的。通过欣赏音乐，准妈妈可以得到美的体验、艺术的享受。音乐的范围包括古今中外名曲、民歌，甚至包括准妈妈童年时所喜爱的歌。

准爸爸讲故事：小狼不吃肉

胎教主要是通过准妈妈自我调控身心的健康与欢愉，为胎宝宝提供良好的生存环境。全天下的父母都希望自己的宝宝健康、活泼、聪明、漂亮、快乐，因此，从怀孕开始，大多数父母都会给宝宝胎教。值得注意的是，在给宝宝各种刺激的同时，也别忘记让胎宝宝轻松一下。比如和胎宝宝讲一些幽默的故事，表达自己对胎宝宝浓浓的爱和准爸妈之间浓浓的幸福。

小狼不吃肉

狼爸妈生了个小狼，很开心。小狼长到了一岁多，光吃胡萝卜不吃肉。

这可把狼爸妈急坏了，心想着：该怎么办呢？

有一天它们看到小狼在拼命地追一只小白兔，高兴坏了，心说，这孩子可算开窍了。可还没高兴完呢，就听到小狼对小白兔说了句话，它们顿时就晕死过去了。

只听小狼恶狠狠地对小白兔说："把你手里的胡萝卜交出来！"

民谣欣赏：茉莉花

这首《茉莉花》是江苏民歌，曲调优美、婉转动人，富于江南特色，蕴涵诗情画意。这首音乐从创作上别出心裁，加入了蓝调的音乐环境，更增加了乐曲的欣赏性。曲风简约、宁静，别有一番滋味，特别适合做胎教音乐。这首歌在听时能带给准妈妈委婉流畅、轻盈含蓄的美感。准妈妈也可以和准爸爸一起来欣赏这首歌。《茉莉花》悠扬的旋律，以及茉莉花素洁、浓郁、清芬、久远的香味，也象征了夫妻之间不离不弃的爱。相信准爸妈在听完这首歌以后，两人的心会联系得更紧，也会让准爸妈甜蜜的爱情结晶——胎宝宝，感觉更加安宁、舒服，从而更加快乐健康地成长。

茉莉花

好一朵茉莉花，
好一朵茉莉花，
满园花草香也香不过它。
我有心采一朵戴，
又怕看花的人儿要将我骂。

好一朵茉莉花，
好一朵茉莉花，
茉莉花开雪也白不过它。
我有心采一朵戴，
又怕旁人笑话。

好一朵茉莉花，
好一朵茉莉花，
满园花开比也比不过它
我有心采一朵戴，
又怕来年不发芽。

豫剧欣赏：花木兰

民间艺术最大的特点就是贴近生活和通俗；这也是民间艺术受到欢迎的重要原因。准妈妈欣赏艺术，雅俗共赏才是最好的哦！

豫剧简介

豫剧，是在河南梆子的基础上，不断进行继承、改革和创新才发展起来的。豫剧是我国最大的地方剧种之一。

豫剧一向以唱见长，唱腔流畅、节奏鲜明、极具口语化，一般吐字清晰、行腔酣畅、易为听众听清，因此显示出特有的艺术魅力。

豫剧的风格首先是富有激情奔放的阳刚之气，善于表演大气磅礴的大场面戏，具有强大的情感力度；其次是地方特色浓郁，质朴通俗、本色自然，紧贴老百姓的生活；再次是节奏鲜明强烈，矛盾冲突尖锐，故事情节有头有尾，人物性格大棱大角。

花木兰简介

花木兰，中国古代民族女英雄，忠孝节义，以替父从军击败北方入侵民族闻名天下，唐代皇帝追封为“孝烈将军”，设祠纪念，影响深远波及全世界。花木兰受中国人尊敬，其事迹被多种文艺作品所表现，如电影、电视剧，歌舞豫剧等。

孕32周营养小贴士

本周建议准妈妈每天5～6餐，还可以多吃一些有养胃作用、易于消化吸收的粥和汤菜。在做这些粥的时候，你可以根据自己的口味和具体情况添加配料，或配一些小菜、肉食一起吃；粥可以熬得稠一些，也可以熬得稀一些。如果体重增长过多，准妈妈就应该根据医生的建议适当控制饮食，少吃淀粉和脂肪，多吃蛋白质、维生素含量较高的食品，以免宝宝生长过大，造成分娩困难。

滋补五脏美食：美味鸡丝粥

材料：

大米100克，胡萝卜30克，鸡胸肉50克，香芹少许，胡椒粉、盐、干淀粉、香油、水适量。

做法：

1. 锅中加水煮开后，倒入淘洗干净的大米，小火煮；
2. 趁着煮米的功夫将鸡肉洗净，顺着纹路切细丝，加入少许胡椒粉、盐和干淀粉抓匀腌制；
3. 胡萝卜去皮擦成丝；香芹洗净切粒；
4. 锅入少许油，先放入胡萝卜丝翻炒几下，然后倒入鸡丝炒至发白后立即盛出；
5. 米粥煮至米软粥稠时加入炒好的胡萝卜、鸡丝和香芹粒，再次煮开即可。最后加盐和香油调味。

孕32周重要提示：时刻注意身体状况

在32周时，准妈妈会面临身体上的诸多突发问题，如果有以下症状，准妈妈一定要多加注意了：突然的体重增加，手、脸浮肿，头痛，视力改变等。这很可能是子痫前期的信号，会引起高血压和蛋白尿，这对母亲和胎宝宝都有不利影响。

PART9 孕9月

分娩倒计时

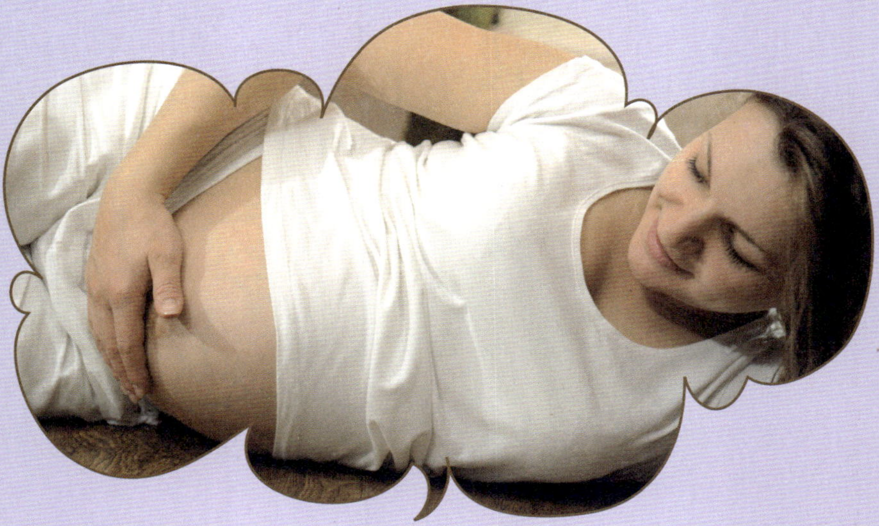

由于活动受限制，胎宝宝的运动明显减少，但运动的力度却大为增强，手和脚能将妈妈的腹壁顶起来，有时会把妈妈吓一跳。

孕33周

胎宝宝有粉红色的皮肤了

胎宝宝的发育细节

本周的胎宝宝大约2.1千克重，从头到脚有43.7厘米长。他的皮肤由红色变成了可爱的粉红色。宝宝已经为分娩做好了准备。大多数宝宝的胎位应该已经是头位了，即头在下，臀部在上。并且，宝宝的头可能在今后的6周里下沉至骨盆并开始压入子宫颈。这个姿势是为出生作准备。另外，他的头骨还相当软，没有完全闭合，每块头骨之间有空隙，这种可松动的结构可以使宝宝的头在经过相对狭窄的产道时有伸缩性。

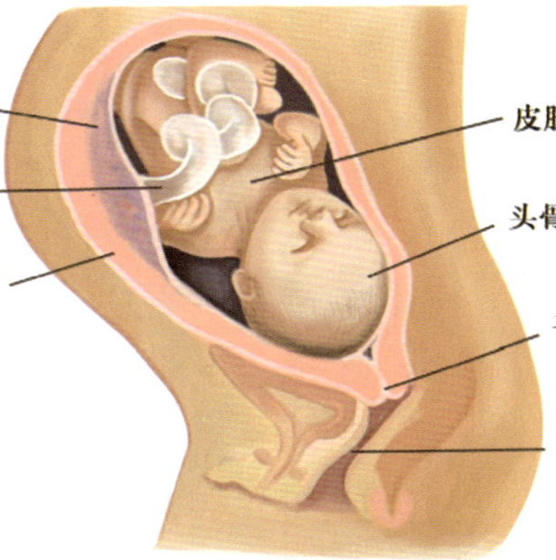

准妈妈的身体变化

本周，胎宝宝在逐渐下降到骨盆，准妈妈会感觉骨盆和耻骨联合处酸疼，尿意频繁，也可能会感到手指和脚趾的关节胀痛，腰痛加重，关节和韧带逐渐松弛。沉重的腹部使准妈妈懒于行动，更易疲惫。不规则宫缩的次数增多，腹部经常阵发性地变硬变紧。外阴变得柔软而肿胀。胃和心脏受压迫感更为明显，准妈妈会感觉到心慌、气喘或者胃胀，没有食欲。

本周胎教要点

这一周，准妈妈不妨听些轻音乐。轻音乐是一种赏心悦耳的音乐种类，让人轻松、舒服是它的主旨。给胎宝宝讲一些轻松有趣的童话故事，多出去散散步。闲暇的时候也做点有趣的手工吧！

宋词欣赏：蝶恋花·花褪残红青杏小

这首诗让准妈妈想起了自己的青春年少吗？那时，你回家的路边，是不是也有个多情的少年！哎呀，小点声哦！小心胎宝宝听见了，以后告诉他爸爸哦！不过，你也可以摸摸胎宝宝，和他来个小约定：宝宝啊，这是你和妈妈之间的秘密，不许告诉你爸哦！来，拉拉钩吧！

蝶恋花·花褪残红青杏小

（宋）苏轼

花褪残红青杏小。
燕子飞时，绿水人家绕。
枝上柳绵吹又少，
天涯何处无芳草！
墙里秋千墙外道。
墙外行人，墙里佳人笑。
笑渐不闻声渐悄，
多情却被无情恼。

赏析

春天将尽，百花凋零，杏树上已经长出了青涩的果实。有燕子飞过天空，清澈的河流围绕着村落人家。柳枝上的柳絮已被吹得越来越少，但是不要担心，天涯到处都长满了茂盛的芳草，春天还是会到来的。围墙里面，有一位少女正在荡秋千，发出动听的笑声。围墙外的行人听到了笑声，忍不住去想象少女荡秋千的欢乐场面。慢慢的，墙里的笑声听不见了，行人惘然若失。仿佛自己的多情被少女的无情所伤害。

胎教音乐：摇篮曲

这首《摇篮曲》曲调优美，不仅会让准妈妈有一种舒适愉悦的感觉，对于准妈妈孕期保持良好的情绪状态很有帮助，等胎宝宝出生后，也可作为帮胎宝宝入睡的音乐。

摇篮曲，原是母亲抚慰小儿入睡的歌曲，通常都很简短。旋律轻柔甜美，伴奏的节奏型则带摇篮的动荡感。

此《摇篮曲》为奥地利作曲家弗朗茨·舒伯特所作。以下是这首曲子的中文歌词。准妈妈可以跟着曲子的旋律，对照歌词，轻轻哼唱。

摇篮曲

睡吧，睡吧，我亲爱的宝贝，
妈妈的双手轻轻摇着你，
摇篮摇你，快快安睡，
夜已安静，被里多温暖；
睡吧，睡吧，我亲爱的宝贝，
妈妈的手臂永远保护你，
世上一切美好的祝愿，
一切幸福，全都属于你；
睡吧睡吧，我亲爱的宝贝，
妈妈爱你，妈妈喜欢你，
一束百合一束玫瑰，
等你醒来，妈妈都给你。

胎教故事：海鸥姑娘

给胎宝宝讲故事是一项不可缺少的胎教内容。讲故事时，准妈妈应把腹内的胎宝宝当成一个大孩子，娓娓动听地述说。亲切的语言将通过语言神经传递给胎宝宝，使胎宝宝不断接受客观环境的影响，在不断变化的文化氛围中发育成长。这周，准妈妈就给胎宝宝讲一下海鸥姑娘的故事吧！

海鸥姑娘

小海鸥十分漂亮，她特别爱美。

早晨，小海鸥拍打着翅膀飞到大海上。大海是小海鸥的镜子，她每天都到这儿来梳洗打扮。小海鸥对着这面镜子瞧啊，照啊，她一会儿扭动身躯，一会儿梳理羽毛，自以为是天底下最美的姑娘。

正在小海鸥十分得意的时候，几句刺耳的话从海岸的岩石那边儿飞过来。“哼，你们嫉妒我！”小海鸥不服地扭过身子，继续照镜子。

中午，小海鸥飞到海礁上，啄食岸边晾晒的鱼虾。突然，海燕跑过来说：“懒家伙，不许吃，那可是我们辛辛苦苦捕的鱼虾！”小海鸥坐在岸边的礁石上哭了，哭得好伤心哟！镜子里的她一点儿也不美。

大海妈妈对她说：“劳动，是最高尚的美德，你为什么不和他们一起劳动呢？”小海鸥点了点头。

后来，海鸟劳动者的队伍里又多了一只美丽的海鸟，她就是美丽勤劳的小海鸥姑娘。

做个图形游戏吧

进入孕九月，准妈妈的情绪会变得较为紧张。这时，让心情沉静下来是最重要的，要知道，你的情绪无时无刻不在影响着胎宝宝。如果你的心情焦躁，子宫内的胎宝宝会觉得供氧不足，心跳就会加速，而你平心静气，胎宝宝也会心平气和。当你觉得心思烦乱的时候，不妨努力静下心来，让自己做做简单的动脑游戏吧。

在数下面的三角形和正方形的过程中，准妈妈还可以把三角形、正方形的轮廓传递给胎宝宝，和胎宝宝一起动脑筋，构建空间感。

★图中有多少个三角形？大的、小的，都要数出来

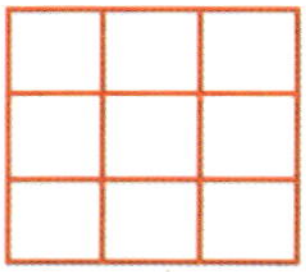

★图中有多少个正方形？

孕33周营养小贴士

本周，准妈妈需要补充大量的葡萄糖供胎宝宝迅速生长和体内糖原、脂肪的储存。此外，还需要有一定量的脂肪酸，尤其是亚油酸。此时也是大脑增殖高峰，大脑皮层增殖迅速，丰富的亚油酸可满足大脑发育所需。这些可以通过植物油进行补充，玉米、花生、芝麻等也含亚油酸。准妈妈应该吃一些营养丰富的海洋食物。海洋动物食品被营养学家称为高价营养品。它们富含脂肪、胆固醇、蛋白质、维生素 A 和维生素 D，与眼睛、皮肤、牙齿和骨骼的正常发育关系非常密切。

美味海鲜：鱿鱼汤

材料：

发好的鱿鱼 200 克，盐 6 克，酱油、料酒、味精、胡椒末各少许，汤 200 克。

做法：

1. 将鱿鱼剞十字花刀，剁成 2 厘米宽、3 厘米长的块盛在盘内；

2. 锅内放水，待水开下鱿鱼，煮透倒出，再将锅放清汤加调料，待开锅去沫，加入鱿鱼，开锅后盛在盘内即可。

孕 33 周重要提示：预防抽筋

半数以上的准妈妈在孕期尤其在晚上睡觉时会发生腿部抽筋，这是因为准妈妈在孕期中体重逐渐增加，双腿负担加重，腿部的肌肉经常处于疲劳状态；另外，怀孕后，对钙的需要量明显增加，如果膳食中钙及维生素 D 含量不足或缺乏日照，会加重钙的缺乏，从而增加了肌肉及神经的兴奋性。夜间血钙水平比日间要低，故小腿抽筋常在夜间发作。

孕34周

胎宝宝开始头朝下了

胎宝宝的发育细节

胎宝宝现在有2.3千克，身长约45厘米。胎宝宝的中枢神经系统正在发育，肺部已经发育得很成熟了。胎宝宝的脂肪层正在变厚，这些脂肪层在宝宝出生后会帮助他保持体温。胎宝宝在本阶段会经常睡觉，这是因为他脑部正在飞速地发育。现在胎宝宝的脑部已经包含了数亿的神经细胞，完成了更复杂的将神经细胞和神经细胞的突触连在一起的任务。

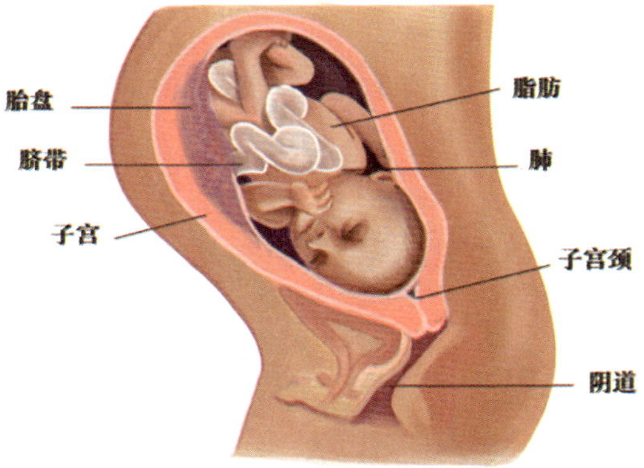

准妈妈的身体变化

本周，准妈妈的子宫容量比怀孕前大了500～1000倍，因此现在感觉身子硕大、动作缓慢是正常的。腿部的负担非常重，常常出现痉挛和疼痛，有时还会感到腹部抽痛。随着腹部的膨大，消化功能继续减退，更加容易引起便秘。本周，初产妇的腹部、脐周围可能会出现发痒的红斑或条纹，以后扩散至大腿和肢体末端。这种情况叫做妊娠瘙痒性荨麻疹及斑块，一般常发生在妊娠晚期，这与腹部过度膨胀（胎宝宝体重增长过快或多胎妊娠）触发皮肤发生改变有关。

本周胎教要点

进入孕34周，现在准妈妈应该坚持有意识地跟宝宝讲话了，别不好意思，这种胎教形式被证实是非常有效的。在和宝宝谈话的时候，尽量用小孩子的声音和他交流，你的声音会更加能够引起宝宝的注意和兴趣。宝宝出生后，再听到妈妈的呼唤会感到熟悉和亲切，在新环境中不会感到紧张和不安，有利于从心理上尽快适应，并可促进宝宝出生后语言的发展。

给胎宝宝唱童谣：虫儿飞

童谣有很多很多，基本都是准妈妈耳熟能详的，那些美丽的童谣可以带给你愉悦的心情。准妈妈可以试着用温柔的声音唱给胎宝宝听，一边唱一边在脑海中想象着童谣中的美丽景象，相信胎宝宝也会喜欢的。

虫儿飞

黑黑的天空低垂
亮亮的繁星相随
虫儿飞虫儿飞
你在思念谁
天上的星星流泪
地上的玫瑰枯萎
冷风吹冷风吹
只要有你陪
虫儿飞花儿睡
一双又一对才美
不怕天黑只怕心碎
不管累不累
也不管东南西北

英文儿歌：一闪一闪小星星

这首《一闪一闪小星星》，是一首非常著名的英文儿歌，语言俏皮生动，意境优美动人。准妈妈不妨让胎宝宝听听这首儿歌，也可以将这首儿歌唱给胎宝宝听，让宝宝一开始就得到良好的启蒙教育。

Twinkle,twinkle,littlestar,howIwonderwhatyouare.

Upabovetheworldsohigh,likeadiamondinthesky.

Twinkle,twinkle,littlestar,howIwonderwhatyouare.

Whentheblazingsunisgone,whenhenothingshinesupon.

Thenyoushowyourlittlelight,Twinkle,twinkle,allthenight.

Twinkle,twinkle,littlestar,HowIwonderwhatyouare.

Thenthetravelerinthedark,Thanksyouforyourtinyspark.

Hecouldnotseewhichwaytogo,Ifyoudidnottwinkleso.

Twinkle,twinkle,littlestar,HowIwonderwhatyouare!

Inthedarkblueskyyoukeep,Andoftenthroughmycurtainspeep.

Foryounevershutyoureye,Tillthesunisinthesky.

Twinkle,twinkle,littlestar,HowIwonderwhatyouare!

Asyourbrightandtinyspark,Lightsthetravelerinthedark.

ThoughIknownotwhatyouare,Twinkle,twinkle,littlestar.

Twinkle,twinkle,littlestar,HowIwonderwhatyouare!

译文

一闪一闪小星星，我多想知道你是什么？

挂在天空那么高那么高，就像是一颗颗钻石挂在天上。

一闪一闪小星星，我多想知道你是什么？

当炽热的太阳已经西沉，当他不再普照万物了。

你就展现出你微弱的亮光，整个晚上眨着眼睛。

一闪一闪小星星，我多想知道你是什么？

旅行者在黑夜茫茫，感谢你微弱的光芒。

他看不见走向何方，假若你不这样发光。

一闪一闪亮晶晶，我多想知道你是什么啊！

你留恋这漆黑的天空，时常透过我的窗帘窥看，

永不闭上你的眼睛，直到太阳又在天空出现。

一闪一闪亮晶晶，我多么想知道你是什么啊。

当你发着光和微弱的火光，像在黑暗中的旅行者。

虽然我不知道你是什么，一闪一闪亮晶晶。

一闪一闪亮晶晶，我多么想知道你是什么啊！

名画欣赏：泉

美，是人人都喜爱的，准妈妈应该更是热爱追求美。现在准妈妈通过这幅《泉》将自己感受到的美感，传递给胎宝宝吧，相信胎宝宝也一定会觉得欢欣愉悦。

《泉》是安格尔众多人体艺术中最杰出的一幅。《泉》中少女的造型在整体上是遵循古希腊雕刻的原则，但更为细腻微妙。《泉》是安格尔一生追求的美神，也是他一贯倡导的“要拜倒在美前去研究美”的典范。安格尔善于把古典美和现实美融合在一起，这使他塑造的人体洋溢着自然的生气。画家自己曾说过：“要把美藏在真实之中，古希腊罗马的艺术大师绝不是创造什么，不是制作什么，应该说，他们是看见了什么，并且探悉什么。”

孕34周营养小贴士

在本周，准妈妈要注意进食一些多样化、高质量、易消化的食品，并且饮食要注意低盐（食盐量应控制在每天6克以下）、低脂；适当控制饮水量，但饮水次数不能减少；注意晒太阳，以促进合成维生素D，方便钙的吸收；随着准妈妈腹部的膨大，准妈妈的消化功能继续减退，更加容易引起便秘，因此，准妈妈要多吃些玉米、蔬菜等含纤维多的食品；一些有补益作用的膳食也可以吃一些，以利于应对随时可能到来的分娩活动中的热量消耗。

补虚养身美食：青菜虾仁面条

材料：

面条500克，虾仁200克，油菜心350克，大葱10克，姜5克，盐5克，味精2克，花生油50克，鸡汤适量。

做法：

1. 将炒锅内倒入适量花生油，烧至七成热时，放入虾仁炒散，加入葱末、姜末、料酒和味精，炒熟即可；

2. 另取一炒锅倒入花生油，烧至八成热时，放入洗净的油菜心用旺火烧至色变深，放入精盐、味精炒匀，即可出锅；

3. 将面条放入沸水锅中，煮至浮起时，加入少许冷水，待水沸时，将面条捞入碗内，放上炒虾仁和青菜心，加入煮沸的鸡汤，即可食用。

孕34周重要提示：适当活动不能间断

不少准妈妈怕宝宝出现早产，在34周以后往往会整天躺在床上养胎，这样的做法不但对宝宝顺利出生没有帮助，反而使准妈妈由于缺乏锻炼在生产过程中出现体力不支。只要医生检查宝宝生长情况正常，准妈妈可做些能帮助顺产的动作，为生产做好充分的身体准备。

孕35周

胎宝宝变得更加丰满

胎宝宝的发育细节

现在，胎宝宝的身长达到了50厘米左右，体重约2.5千克。他的活动量开始变小，这是因为胎宝宝的身体逐渐增大，现在已经不是在羊水里漂浮着了，也不太可能再拳打脚踢了。胎宝宝已经完成了大部分的身体发育。他的两个肾脏已经发育完全，肝脏也能够代谢一些废物了。他的神经系统和免疫系统仍然在发育，体内的脂肪也在增加。在接下来的几周内，他的体重还将继续增加。

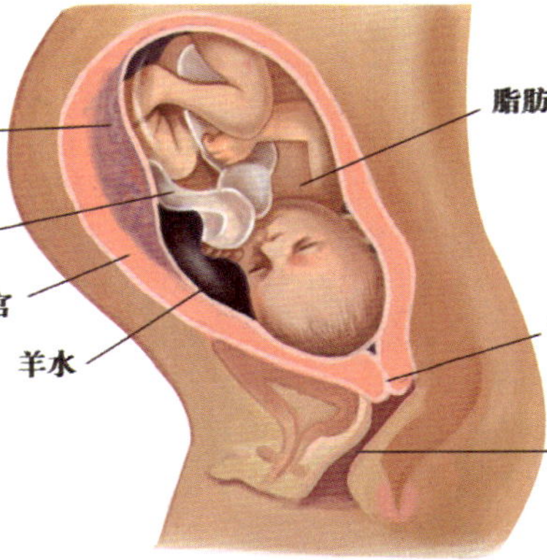

准妈妈的身体变化

到本周，准妈妈的体重约增加了11～13千克。现在，准妈妈的子宫壁和腹壁已经变得很薄，当胎宝宝在腹中活动的时候，准妈妈甚至可以看到胎宝宝的手脚和肘部。因胎宝宝增大并逐渐下降，很多准妈妈会觉得腹坠腰酸，骨盆后部肌肉和韧带变得麻木，有一种牵拉式的疼痛，使行动变得更为艰难。平时做起来很简单的事情，现在你会感觉很累。

本周胎教要点

如果准妈妈有时候还是会情绪低落，那么，一定要想办法使自己尽快振奋起来。准妈妈可以听一些舒缓的音乐，放松身心，让心情恢复轻松愉悦；也可以欣赏一些精美的艺术品，让自己的生活变得充实；或者用亲切的语言给胎宝宝讲故事，说话等，让他感受到你的爱。

唐诗宋词都是经过千锤百炼、经久不衰的经典。唐诗的意境非常优美，对胎宝宝的语言能力和鉴赏能力的提升，是个好途径哦！

枫桥夜泊

（唐）张继

月落乌啼霜满天，
江枫渔火对愁眠。
姑苏城外寒山寺，
夜半钟声到客船。

赏析

千古名篇《枫桥夜泊》正是唐代著名诗人张继途经寒山寺时，诗意萌发，挥笔写就的。自从张继的《枫桥夜泊》问世后，寒山寺就名扬天下，成为著名的游览胜地，就是在日本也是家喻户晓。不但我国历代各种唐诗选本和别集将张继的《枫桥夜泊》选入，连日本的小学课本也载有此诗，可见诗名之盛。

诗人运思细密，四句诗不到三十字，却包蕴了六景一事：一静一动、一明一暗、江边岸上，游子卧听船到钟鸣；景物的搭配与人物的心情达到了高度的默契与交融，营造出一个清幽寂远的意境——江畔秋夜渔火点点，羁旅客子卧闻静夜钟声。这些共同形成了这个成为后世典范的艺术境界。

民间艺术：玉雕

在这周，产期将至，大多数准妈妈心情都比较焦虑。为了宝宝有个好的心态，亲爱的准妈妈一定要静下心来。现在，不妨和胎宝宝一起欣赏一下我国伟大的民间艺术精品——玉雕吧！

玉雕简介

玉雕是中国最古老的雕刻品种之一。商周时期，制玉成为一种专业，玉器成了礼仪用具和装饰佩件。玉石历来被人们当作珍宝，在中国古代，玉被当作美好品物的标志和君子风范的象征。

玉雕的品种很多，主要有人物、器具、鸟兽、花卉等大件作品，也有别针、戒指、印章、饰物等小件作品。中国的玉雕作品在世界上享有很高的声誉。

欣赏玉雕作品，会让人心静，民间也有“玉能保平安”的说法，这也是玉的独特之处吧！

音乐欣赏：牧童短笛

这周推荐给准妈妈的胎教音乐是钢琴小品《牧童短笛》。准妈妈在听音乐时，一定要心静，努力进入音乐的意境中，还可以想象腹中胎宝宝欢乐静听的样子，以更好地施展音乐胎教的魅力。准妈妈在欣赏此曲的时候，如果能唤起对童年生活的记忆，带着胎宝宝一起回忆，想必另有一番甜蜜与温馨。

赏析

这首钢琴小品以清新、流畅的线条，呼应、对答式的二声部复调旋律，成功地模仿出了中国民间乐器——笛子的特色，从而向听众展示了一幅传统的中国水墨画，人们仿佛看到在江南水乡，一个骑在牛背上的牧童，正在悠然自得地吹着牧笛。

全曲共分三段。第一段犹如一幅淡淡的水墨画，一个牧童骑在牛背上悠闲地吹着笛子，在田野里漫游，天真无邪的神情令人喜爱。可以说这是作者童年生活的自我写照。乐曲中段是传统的民间舞蹈风格，用欢快的节奏和旋律写成。最后，再现第一段的主题。这首乐曲具有浓郁的乡土气息，它是我国近代钢琴音乐创作上一个具有创造性的范例。

妈妈讲故事：萤火虫和小星星

通过给胎宝宝讲童话故事，准妈妈不仅可以将勇气和友情等概念传授给胎宝宝，还可以培养胎宝宝的想象力和好奇心。此外，如果准妈妈能用自己丰富的想象力将童话书中梦一般的世界转述给胎宝宝，胎宝宝将在这一过程中获得健康而安宁的情绪。如果准妈妈带着丰富的感情朗读，就能促进胎宝宝感性能力的发育。现在，就给胎宝宝读这篇《萤火虫和小星星》吧！

萤火虫和小星星

天上，白云边，一颗小星星在一闪一闪。地上，小河边，一群萤火虫在一亮一亮。“喂，上来吧，我们来玩藏猫猫好吗？”天上的小星星把半个脸躲进白云里，向地上的萤火虫眨着眼睛。“好啊，你等着吧！”地上的萤火虫忙起来了，提着盏小灯笼，在草丛里走来走去。

“你在干什么？”天上的小星星从白云后面走出来，把眼睛睁得大大的。

“在找针线呢。”萤火虫回答说，头也不抬。

“找针线干什么？”小星星又问。

“缝航天衣。”

“缝航天衣干什么？”

“咦，你不是邀请我到天上去玩儿吗？”

“那好，我帮你一起来找吧。”小星星“呼”的一下，从天上落下来，帮萤火虫找针线。

小妹妹在院子里，听到了小星星和萤火虫的谈话，出来一看，只见草丛里，瓜棚下，到处一闪一闪的。小星星呢？它和萤火虫在一起飞来飞去，怎么也认不出来。小妹妹想：天上多美啊。

第二天晚上，小妹妹来到小河边，可再也看不见萤火虫了。原来，萤火虫找到了针线，缝好了航天衣，穿在身上，跟着小星星一起飞上天去了。

它们在天上眨着眼睛，哪是萤火虫，哪是小星星，小妹妹看来看去分不清。

孕35周营养小贴士

氨基酸是构成人体的最基本物质之一，准妈妈的饮食中要包含多种不同的植物性蛋白质，从而使体内氨基酸的组成更趋于完全。例如谷类与豆类加以调配，像胚芽米配黄豆煮成饭；豆类与核果类或种子类一起使用，也可以互相弥补各自的不足。准妈妈每天可以安排 5 ~ 6 餐，要注意营养均衡。如果上一餐你只吃了主食和牛奶，下一餐就一定要吃一些肉类、蔬菜和水果。牛肉具有补脾胃、益气血、强筋骨等作用，可以适度缓解肌肉疼痛。为准妈妈介绍一款以牛肉为原料的菜肴，它有很好的滋补作用，营养丰富而且不油腻，适于产前的能量储备。

健脾胃美食：西红柿牛舌

材料：

牛舌 200 克，西红柿酱、白砂糖、淀粉、姜汁各适量。

做法：

1. 将牛舌撕去外皮，切成 10 厘米长、0.3 厘米厚的片，整齐地码入盘内；
2. 炒勺上火，放入花生油烧热，放入西红柿酱稍加煸炒；
3. 加入料酒、白汤、盐、姜汁、白糖，将牛舌轻轻推入，用微火焖透；
4. 移旺火收汁，边晃动边淋水淀粉勾成浓汁，淋入鸡油即可。

孕 35 周重要提示：了解分娩知识

预产期前 1 个月，准妈妈应该多了解些有关分娩的知识，做好心理准备。当分娩遇到困难时，这些知识可以让你坚定信心，相信自己可以顺利分娩。到了孕期的最后阶段，你的产科医生应该给你一些明确的指示，告诉你什么时候去医院待产。

孕36周

胎宝宝随时可能出生

胎宝宝的发育细节

现在胎宝宝大约重2.8千克，而且体重在继续增加。胎宝宝的肺已经完全成熟，但仅靠自身的力量还不能呼吸。覆盖胎宝宝全身的绒毛和在羊水中保护其皮肤的胎脂正在开始脱落。胎宝宝现在会吞咽这些脱落的物质和其他分泌物了。现在胎宝宝的四肢会自由地活动，手碰到嘴唇时，会吸吮自己的小手，已经有了很好的吸吮能力，会自由地把眼睁开或闭上。因为活动范围的限制，胎宝宝的运动量明显减少，但运动的力度大为增强。胎宝宝已经随时待命准备出生了。

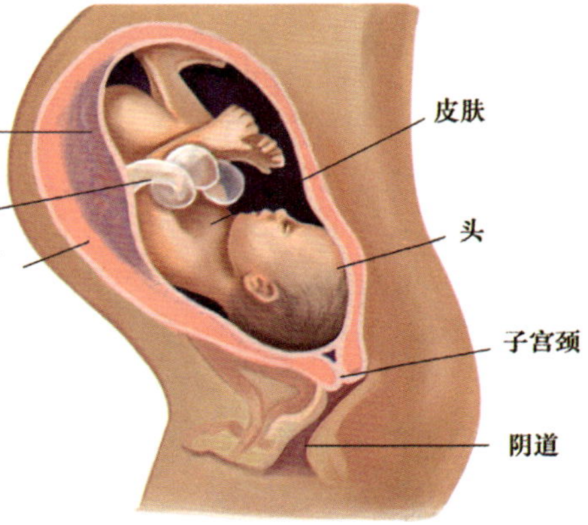

准妈妈的身体变化

如果这周胎宝宝已经下沉到骨盆，那么准妈妈的肋骨和内脏器官可能会有轻松愉快的感觉。准妈妈会发现自己烧心的情况有所好转，呼吸也会变得更顺畅了。但是可能比以前更频繁地去卫生间，压力的变化会让准妈妈感到腹股沟和腿部非常疼。这时准妈妈的肚子已相当沉重，肚子大得连肚脐都膨突出来，起居坐卧颇为费力。有些准妈妈感觉下腹部坠胀，甚至会时时有宝宝要出来的感觉。

本周胎教要点

妊娠9个月后由于胎宝宝的增一步发育，通过准妈妈的腹壁，能清楚地触到胎宝宝头部背部和四肢。触摸胎教有利于胎宝宝感觉系统，神经系统及大脑的发育，甚至还能帮助锻炼胎宝宝的肌肉活动能力。准爸妈可按顺序触摸胎宝宝的头部、背部、臀部以及四肢，动作宜轻柔，每次5~10分钟左右。

抚摸胎教：和胎宝宝一起做操

到孕晚期，胎宝宝已经会很多动作，小至吞咽、眯眼、咂拇指、握拳头，大至伸展四肢、转身、翻跟头，都可以做到。准妈妈和准爸爸可以通过动作和声音，与准宝宝沟通信息，这样做，他会有一种安全感，感到舒服和愉快，出生后也愿意同周围的人交流。在母腹中进行体操锻炼，胎宝宝的肌肉活动力增强，出生后翻身、抓、握、爬、坐等各种动作的发展，都比没有进行过体操锻炼的要早一些。

准妈妈可以每天在固定的时间给胎宝宝一个信号：孩子，快来和妈妈做操。

躺在床上，全身尽量放松。在腹部松弛的情况下用双手捧住胎宝宝，轻轻抚摸，然后用一个手指轻轻一压再放松。这时胎宝宝便会做出一些反应。如果此时胎宝宝不高兴，就会用力挣脱，或者蹬腿反对，你就要停止。在刚开始的时候，胎宝宝只做出响应，过几个星期后，胎宝宝对母亲的手法熟悉了，一接触妈妈的手就会主动要求“玩耍”。

胎宝宝 6、7 个月时，母亲可以感觉出他的形体，这时就可以轻轻地推着胎宝宝在腹中“散步”了。胎宝宝如果“发脾气”用力顿足，或者“撒娇”身体来回扭动时，母亲可以用爱抚的动作来安慰胎宝宝，而胎宝宝过一会儿也会以轻轻地蠕动来感谢母亲的关心的。

如果能够和着轻快的乐曲同胎宝宝交谈，与胎宝宝“玩耍”，效果会更好。

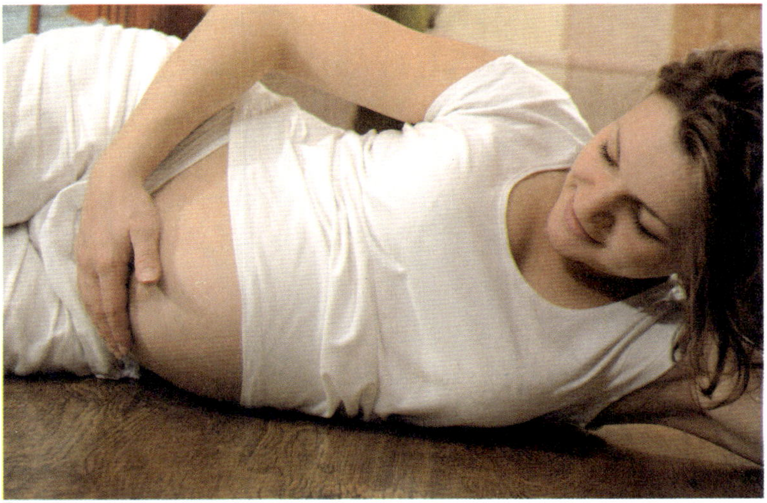

胎教音乐：四小天鹅舞曲

准妈妈听音乐，可以通过健康的音乐刺激，使自己得到安宁与享受，同时使胎宝宝心律平稳，对胎宝宝的大脑发育进行良好的刺激。这首《四小天鹅舞曲》最适合在准妈妈早上起床之后听，就让美好的一天从这优美的乐曲声中开始吧！

赏析

俄罗斯作曲家柴可夫斯基的这首《四小天鹅舞曲》写得精巧、别致，配上舞蹈，更有诗一般的情趣、画一般的意境。

这首舞曲音乐轻松活泼，节奏干净利落，形象地描绘出了小天鹅在湖畔嬉游的情景，质朴动人的旋律还富于田园般的诗意。

动手做个树叶贴画

树叶、花叶千姿百态，与很多物体的形状相似，而且叶子有大有小，可以组成很多有趣的图案。用花叶、树叶来贴画各种物体，既经济实惠，又能让准妈妈感受到艺术美。

准妈妈可以试着花点时间，自己动手做一个简单的树叶贴画。准妈妈做手工，做得好不好，实用不实用，都是次要的，因为做手工本身就是一种乐趣！只要准妈妈能通过做手工感到一种宁静的幸福，就是对胎宝宝最重要的胎教。不过准妈妈要是学会了做贴画，以后也可以教宝宝做！当然，做好后有人欣赏也很重要。准妈妈不妨把准爸爸拉来看看，让他学会欣赏这些美丽的贴画吧！

小提示

摆树叶的时候要先想好它的位置，不要挤在一起，这样才好看！物体拼好后，再一片片地在树叶的背后均匀地抹上浆糊，贴在画纸上，再用手轻轻压一压。一幅简单又美丽的树叶贴画就做好啦！

童话故事：逃走的雪人

给胎宝宝讲故事，是胎教的一个重要内容。准妈妈不妨跟着故事一起发挥想象，将你的慈爱用语言体现出来，并把这一切的美好告诉胎宝宝，和他一起分享吧！

逃走的雪人

月亮出来了，啷啷喳喳的小鸟回巢了；蹦蹦跳跳的小兔回洞了；飞来蹦去的小鸡回窝了……

“安静真好，孤独真好！”小雪人望着天空中眨着眼的小星星，觉得一切都好极了。

不过，他一想起白天的事情，又开始生气了。

“那只小乌鸦最讨厌了，叽叽呱呱地瞎唱，把唾沫都溅到我的小格子围巾上了。”雪人不停地用手抹着他的围巾。“那只小麻雀最脏了，飞到我的肩膀上，还拉了一粒小巴巴。现在还有点臭臭的。”小雪人吸了一下鼻子，在左肩膀上扯了一小块雪下来。

“小兔子最闹了，把我的小红辣椒鼻子扯了又扯，这会儿还有点疼呢。”小雪人轻轻地抹了一下翘翘的小鼻子。“明天，那些讨厌的家伙还会围在我身边吵吵闹闹的，我想，我还是离开这儿吧。”小雪人想。

但是，他从来没走过路，刚一抬脚，就“扑”地一声倒在地上了。“哎呦，好疼。”小雪人好一会儿才爬起来。“没关系，疼一点没关系的，我一定要在天亮以前逃离这个地方。”小雪人一边说，一边又迈开了脚步。

天很快就亮了，雪地上也开始热闹了起来。可是大伙发现小雪人不见了。

小雪人去哪儿啦？他会不会走丢呢？会不会遇上坏蛋呢？会不会摔跤呢？

乌鸦、麻雀和兔子都嚷嚷开了。“呜呜呜，我心爱的小雪人被偷走了！”“小雪人是被风吹走的，我该把她带回家的。呜呜呜。”“都怪我不好，我不该拽她的鼻子……”

吵闹声传到了躲在不远处小屋……小雪人躲在里面。听见大家的话，小雪人鼻子酸酸的：“我的出世本来就是为了给大家带来欢乐的。他们这么爱我，调皮一点儿，捣蛋一点儿，又有什么关系呢？”想着想着，小雪人咚一声跳了出来：“哈哈，孩子们！我在和你们捉迷藏呢！快来找我吧！”顿时，开心的笑声又在雪地上响起来了。

孕36周营养小贴士

怀孕后期,铁质若是摄取不足,宝宝出生后容易得缺铁性贫血;缺钙时,准妈妈可能出现软骨病,导致胎宝宝畸形。在食用富含钙质食品的同时,也要多摄取含有维生素D的食物,促进钙质吸收。不过,怀孕后期必须稍加限制碳水化合物的摄取,以免胎宝宝过大。现在,准妈妈还要吃一些有补益作用的膳食,从而更好地蓄积能量迎接宝宝的到来。还可以吃一些淡水鱼,可以起到促进乳汁分泌的作用,从而为宝宝准备营养充足的初乳。

催乳美食:鲫鱼炖蛋

材料:

鲫鱼2条,鸡蛋1个,生姜丝、精盐适量。

做法:

1. 将鲜活鲫鱼洗净,在鱼身两侧划几道斜刀花;

2. 煲置火上,放入适量清水烧开,下鲫鱼及精盐5克,烧1分钟左右,连汤盛入碗内,待用;

3. 鸡蛋磕入碗内搅打均匀,上笼蒸至凝固,取出,随即将鲫鱼放上,浇入煮鱼原汤,撒上姜丝,淋上植物油,再放蒸笼里,上火蒸5～10分钟即可。

孕36周重要提示:试着练习助分娩运动

怀孕、临产阵痛及分娩都会给孕期女性的身体增加很大的负担。如果在孕期经常做一些助分娩运动,就能帮助准妈妈顺利渡过妊娠期。另外,这些运动和练习,对帮助分娩和产后体形恢复都有好处。

PART10 孕10月

胜利就在眼前

现在准妈妈是不是觉得胎宝宝不太爱动了？因为胎宝宝的头已经固定在骨盆中，现在他更多的是向下运动，想出来看世界了。

孕37周

胎宝宝已经足月了

胎宝宝的发育细节

胎宝宝到现在已经算是足月了——这意味着胎宝宝现在已经发育完全，为他在子宫外的生活做好了准备。许多宝宝出生时长了满头的头发。也有一些宝宝出生时几乎没有头发，或者只有淡淡的绒毛。因为身体逐渐长大，空间太小，他已经无法做运动了。如果是男宝宝，那么他的睾丸将会下降进入阴囊。

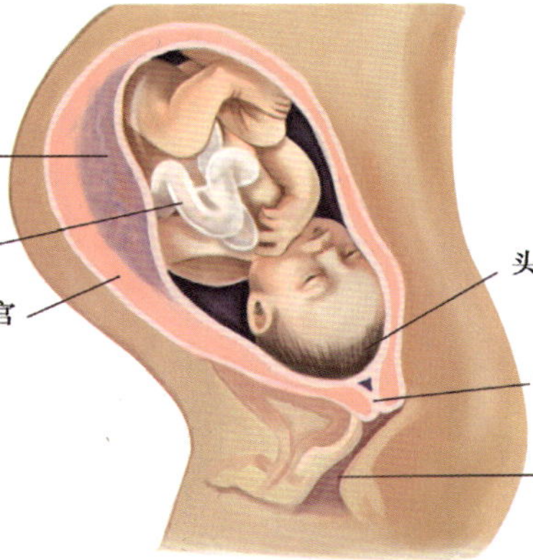

准妈妈的身体变化

现在离预产期的日子越来越近啦，准妈妈可能会感到很焦虑，开始一天天地数日子。其实，只有5%的准妈妈在预产期分娩。多数准妈妈都在预产期前后两周分娩，这是正常的。本周准妈妈子宫整体位置的下降，使胃、胸部的憋闷感减轻。但同时也使膀胱受到的压迫增加，越来越多地出现尿频，阴道分泌物也因而增多。

本周胎教要点

本周，建议准爸爸参与到胎教中来。他可以一边用手轻轻地抚摸妻子的腹部，一边用充满柔情的声音对胎宝宝说："宝宝你好，我是你的爸爸，我们一起做体操吧！"在其乐融融的家庭气氛中进行抚摩，如果再配合对话和音乐胎教的刺激，将会收到更佳的效果。

准爸爸要多和宝宝说说话

准爸爸可以隔着肚皮轻轻地抚摸胎宝宝，并协助准妈妈让胎宝宝进行一些宫内运动，最好是一边抚摸一边与胎宝宝说话，同时告诉宝宝是爸爸在抚摸他。一家人一起玩游戏，一定会乐趣无穷，也会让胎宝宝充分地感受到家的温馨。这种天伦之乐也是孕育、养育、教育孩子的最好气氛。

宝宝爱听准爸爸的声音

由准爸爸对胎宝宝讲话，这首先是父爱的一种具体表示，胎宝宝通过听觉和触觉，不仅感受到有母爱，而且还有父爱的温暖，这对于胎宝宝的感情发育具有莫大的好处。美国的优生学家认为，胎宝宝最喜欢准爸爸的声音。也许是因为男性特有的低沉、宽厚、粗犷的嗓音更适合胎宝宝的听觉功能，胎宝宝对准爸爸的声音总是表现出积极的反应，这一点是准妈妈无法取代的。

准爸爸要多进行呼唤胎教

在日常生活中，准爸爸最容易参与也最重要的胎教便是呼唤胎教，即经常呼唤胎宝宝，每天抽空跟胎宝宝说说话，讲一些儿歌。胎宝宝是有记忆的，对于这些孕期的称谓以及呼唤，宝宝出生后仍可辨认。

准爸爸可以在每天早上起床后或者晚上临睡前，让准妈妈坐在宽大舒适的椅子上，与准妈妈一起开始胎教。可以先由准妈妈对胎宝宝说："乖孩子，爸爸就在旁边，你想听他对你说什么吗？"这时，准爸爸应该坐在距离妻子一米以内的位置上，用平静的语调开始对胎宝宝说话。准爸爸可以随意对宝宝说些工作生活上的事情，最好是一些开心美好的内容，也可以事先构思好，给宝宝讲一个图画书上优美动人的小故事，或者唱一首纯真的儿歌等等，用心告诉宝宝这是一个美好的世界。

开始或结束对话时要用抚慰性的语言

准爸爸与胎宝宝的对话和互动，时间不宜过长，一般每次10分钟即可，以免引起胎宝宝过于兴奋，导致准妈妈久久不能入睡。准爸爸在开始和结束对胎宝宝讲话的时候，都应该固定地用抚慰和能够促使胎宝宝形成自我意识的语言对胎宝宝讲话。如开始时说："宝贝（或者叫乳名），我是你的爸爸，我会天天和你讲话，我会告诉你外界一切美好的事情。"对话结束时，要对胎宝宝给予鼓励，如："宝贝学习很认真，你是一个聪明的孩子。今天就学习到这儿，再见！"

在可能的情况下，准爸爸应每天和胎宝宝对话，这样才能加深与胎宝宝的感情。

运动胎教：分娩热身操

准妈妈不要想着到分娩前夕只能卧床休息了，此时的锻炼更有必要，不仅可以增加体内含氧量，还能缓解孕后期的不适症状，更锻炼了分娩时相关部位的关节和肌肉，为分娩做好了必要的准备。

当然，你是否能锻炼，还需要咨询你的医生，以免发生意外。

盘腿坐

作用：伸展肌肉，放松腰关节。

方法：

1. 盘腿而坐，背部挺直，双手置膝盖上，两眼紧闭，全身放松。

2. 呼吸，双手向下按压。再呼吸，再向下按压。慢慢加大力度，使膝盖向地面靠近。

骨盆运动

作用：缓解骨盆关节和腰部肌肉的压力，强健下腹部肌肉。

方法：

1. 双手双膝着地。低头，后背上拱呈圆形。

2. 仰头，将面部朝上，重心前移，每呼吸一次做一次重心前移运动。

准爸爸给宝宝唱个童谣吧

这个时期的胎宝宝会因准妈妈身体或情绪的变化而发生相应的反应，所以，如果准爸爸怀着快乐的心情为胎宝宝唱歌，不但准妈妈的心情会变得愉悦，胎宝宝一样会变得快乐。

小兔子乖乖

小兔子乖乖，把门开开，快点儿开开，我要进来。不开不开我不开，妈妈不回来，谁来也不开。

小兔子乖乖，把门开开，快点儿开开，我要进来。就开就开我就开，妈妈回来了，我就把门开。

名画欣赏：巫峡清秋

多欣赏一些优秀的美术作品，会使准妈妈心情愉悦，并提高自身素质。这周准妈妈就和胎宝宝一起欣赏张大千大师的《巫峡清秋》吧！

这幅图所示景象为巫峡秋景，危岩峭壁，山势险峻，远山呈褐红色，船行江中，云雾缭绕，使观者如行江中，身临其境，为巫山险绝而叹奇。这幅画构图丰富，层次感强，除云山缥缈、舟过峡山的主景外，局部细节描写更见繁密精细，如峡中泉涌，与云水连成一气；下方山峡树丛高低排列参差，反衬出主峰的奇兀突出，气势雄浑，成全图的焦点所在。画中设色之经营极见用心，充分运用矿物颜料色感厚实耀目的特质，令青绿、白粉、金碧相衬，成色彩艳丽、气派堂皇而富装饰性的杰作。

孕37周营养小贴士

到了孕期第10个月,准妈妈和准爸爸便进入了一个可以收获的季节。此时,保证准妈妈足够的营养至关重要。这个阶段应该吃一些制作精细、易于消化、营养丰富、有补益作用的菜肴,为你的临产积聚能量,还要注意便秘和水肿。

准妈妈应坚持少吃多餐的饮食原则。越是快临产了,就越应该多吃些含铁质的蔬菜(如菠菜、紫菜、芹菜、海带、黑木耳等)和新鲜的水果。这样可以补充各种丰富的微量元素和对身体有益的物质。因为准妈妈胃肠受到压迫,可能会有便秘或腹泻的症状。所以,一定要增加进餐的次数,每次少吃一些,而且应吃一些容易消化的食物。

助消化美食:奇异果橙风元葱汤

材料:

奇异果、柳橙各1个,菠萝150克,洋葱1/2个,糖、牛奶、淀粉、黑胡椒粉各适量。

做法:

1. 奇异果、菠萝去皮,切1厘米见方小块;洋葱去皮,切碎;柳橙对半切开,以榨汁器榨汁;

2. 锅中倒入1/2大匙油烧热,放入洋葱爆香,转中火炒至微软,加入菠萝丁快炒,再加入2~3杯水,并以中火煮5~10分钟,最后加入柳橙汁、奇异果丁及糖、牛奶的淀去勾芡,食用时撒上黑胡椒粉即可。

孕37周重要提示:留心生产的征兆

接近足月的准妈妈常担心胎宝宝随时可能出生,因此愈接近预产期,心理的压力愈大,也愈紧张焦虑。除了早产与极少数例外,大多数准妈妈生产前都会出现所谓的“产兆”。当这些产兆出现时,表示生产的日子近了,胎宝宝随时可能出生。

孕38周

胎宝宝像个新生儿了

胎宝宝的发育细节

胎宝宝已经胖起来了，看起来像个新生儿了。他现在重约3千克，身长48～51厘米。胎宝宝的指甲已经长到了手指和脚趾的末端，头发长到了2厘米左右。他的器官已经完全发育，并各就其位。他的肺部和大脑已经足以发挥功能了，但是它们将在宝宝的整个童年时期继续发育。

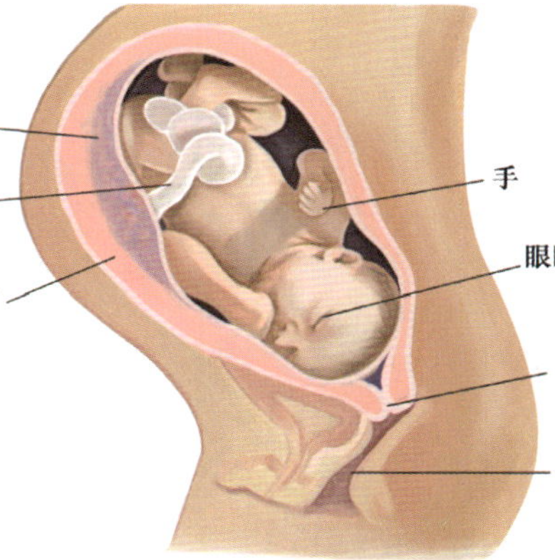

准妈妈的身体变化

进入孕38周，准妈妈仍然会增加约0.45千克体重。这个时期准妈妈的心情可能很矛盾：既希望能早点见到宝宝，可一想起分娩需要熬上几个甚至十几个小时的疼痛，就会很恐惧。在表示分娩的子宫收缩之前，准妈妈会经历假阵痛收缩。假阵痛收缩不同于子宫收缩，且是没有规律地出现，只要稍加运动，阵痛就会消失。在孕期的最后几周，准妈妈的脚还是会非常肿胀，这都是正常的，会在分娩后消失。

本周胎教要点

孕期生活中，夫妻之间要避免无谓的口角，应增加语言、文学的修养，以优美的语言充实、丰富、美化自己的生活。在父母胎宝宝对话中，应充分体现关心和爱抚，告诉胎宝宝大自然的风景变化和眼前的美好景观以及父母对未来生活的憧憬，讲愉快优美的童话故事。胎宝宝静静地聆听，会感到安全、舒适。

音乐欣赏：寂静山林

这周，由于胎宝宝日渐长大，准妈妈的腹部膨隆也越来越明显，行走不便，因此静心欣赏胎教音乐，会产生无比的情趣。如能每天早中晚各欣赏音乐15分钟，一定能使你感到心情舒畅；对腹中的胎宝宝，更是有很大的良性教育效果。现在，准妈妈就来听听一听这首班得瑞的《寂静山林》吧！

赏析

班得瑞的音乐非常地安静，没有过多的渲染层次，没有过多的音乐角度，淡淡的音乐，自然的氛围，却给人一种纯音乐角度的美感。

静静地听这首《寂静山林》，它的每一个音符，都代表层层压缩到内心里的感动。闭上眼睛，你会觉得瑞士的湖光山色，在音乐中予以唯美的具象：高山依然壮美，森林依然青翠。阳光是一只温暖的手，无声无息的，把一份惬意揽进怀中，任生命的脉动在寂静的山林中徜徉出一份安宁。

不但有流水、雀鸟之声，更有浪涛和风啸，听听这些天然的声音，你会有耳目一新之感！一曲听罢，你会觉得耳畔有山泉般清澈的细流，涓涓流过。

舞蹈欣赏：天鹅湖

舞蹈是人们表达情感的最古老也是最直接的一种形式。英国著名的舞蹈艺术家简·罗素曾说："我们关心的不是培养出技巧表演者，而是怎样通过表演来教导学生，使学生热爱舞蹈、增长见识、丰富想象力及培养敏锐的洞察力。"

本周，准妈妈可以去看一场芭蕾舞表演，它是一种人体艺术，能表达生活的美，歌唱生活，充分陶冶准妈妈的情操。

芭蕾舞剧：天鹅湖

柴可夫斯基的芭蕾舞剧《天鹅湖》创作于1876年。这是柴可夫斯基所作的第一部舞剧，取材于民间传说，剧情为：公主奥杰塔在天鹅湖畔被恶魔变成了白天鹅。王子齐格费里德游天鹅湖，深深爱恋奥杰塔。王子挑选新娘之夜，恶魔让他的女儿黑天鹅伪装成奥杰塔以欺骗王子。王子差一点受骗，最终及时发现，奋击恶魔，扑杀之。白天鹅恢复公主原形，与王子结合，以美满结局结束。

来做个数独游戏吧

准妈妈的思想活动对于胎宝宝的大脑发育有着至关重要的影响。准妈妈与胎宝宝之间是有信息传递的,若准妈妈始终保持旺盛的求知欲,则可使胎宝宝不断接受刺激,大脑神经和细胞的发育也得到促进。所以,准妈妈要勤于动脑,才能给胎宝宝良好的影响。

迷人的数独

1783 年,瑞士数学家莱昂哈德 . 欧拉发明了一种当时称作“拉丁方块”的游戏,这个游戏是一个 n×n 的数字方阵,每一行和每一列都是由不重复的 n 个数字或字母组成的。1984 年,一家日本游戏杂志提出了“独立的数字”的概念,意思就是“这个数字只能出现一次”或者“这个数字必须是唯一的”,并将这个游戏命名为“数独”,从此,这个游戏开始风靡全球。

数独游戏规则:

1. 数独游戏在 9X9 的方格内进行,分成 3X3 的小方格,被称为“区”。

2. 数独游戏首先从已经填入数字的格子开始。

3. 每个格子只允许有 1 个数字,最后保证每个区、每一列、每一行都是 1 ~ 9 这 9 个数字,不能重复,即每个数字在每一行、每一列和每一区都只能出现一次。

7			2	5			9	8
		6					1	
			6	1		3		
9					1			
				8		4		9
		7	5		2	8		1
	9	4			3			
				4	9	2	3	
6	1						4	

7	3	1	2	5	4	6	9	8
5	2	6	9	3	8	7	1	4
4	8	9	6	1	7	3	5	2
9	6	8	4	7	1	5	2	3
1	5	2	3	8	6	4	7	9
3	4	7	5	9	2	8	6	1
2	9	4	7	6	3	1	8	5
8	7	5	1	4	9	2	3	6
6	1	3	8	2	5	9	4	7

答案

产前呼吸运动更利分娩

孕38周了，这时候胎宝宝随时都有可能出生哦！所以准妈妈提前准备一些分娩时的技巧很必要。呼吸运动减轻产痛是分娩中最常用的方法，但呼吸练习也要有技巧。正确的呼吸控制及用力方法，能使生产过程更加顺利，准妈妈不妨在分娩前进行练习，以减轻分娩时的痛苦。

1. 缓慢呼吸——由鼻吸气，将空气吸至肺的底部，感觉下半胸及腹部扩张，由口呼气，速度较慢；

2. 浅呼吸——口微张开，用口轻轻吸气、轻轻呼气，只用肺的上半部，好像吹熄小蜡烛般不需用力，速度较快；

3. 当阵痛轻微（第一产程）时用缓慢呼吸，阵痛加强时用浅呼吸，当阵痛停止时，尽量放松身体，此时呼吸应以轻喘两下然后吹一下的形式进行，吹气时间较喘气时间长，好似"哈哈呜"；

4. 阵痛再加强时，再重复上述呼吸运动；

5. 当进入第二产程（胎宝宝娩出）时，随着子宫的收缩，产妇深吸一口气，然后呼出，再深吸入一口气，闭住呼吸，收紧腹肌放松会阴肌肉，用力向前及向下"推"婴儿出来，直至婴儿慢慢地被挤出母体；

6. 当婴儿头部将出母体时，医生或护士会吩咐产妇停止用力，此时产妇宜尽量放松，可做高程度呼吸。

注意，此动作只适宜于生产时使用，在没有物理治疗师、医生及护士的指导下，切勿自我练习，以避免婴儿早产。

孕38周营养小贴士

本周,准妈妈依然要记得保证充足的食物供给,但食量不要过多,以避免胎宝宝过度增长。膳食方面应当增加动物性食物和大豆类食物,以补充需要增加的优质蛋白质。比如主食中要包括玉米、大豆等粗、杂粮食物,主、副食要搭配食用。

豆油、菜油等植物油和核桃仁等坚果有利于宝宝脑发育,要多选用。此外海鱼含有DHA,可多选食。每日保证足量的奶类,适当选用动物肝脏和全血,多吃些新鲜蔬菜和水果。

消肿通乳美食:黑豆鲫鱼汤

材料:

黑豆50克,鲜鲫鱼1条(约250克),笋丝30克,火腿丝20克,葱、姜、盐各适量。

做法:

1. 将鲫鱼去鳞、鳃及内脏,洗净;
2. 黑豆洗净,放入铝锅内加清水750克,烧滚后,改用小火煨30分钟,煮酥备用;
3. 待锅烧热后,加油,熬热后下鱼,煎至两面微黄;
4. 加葱、姜,再下煮酥的黑豆,连汤煮沸,加酒、笋丝少许,再烧滚后烧6分钟,加盐、火腿丝略烧,即可出锅。

孕38周重要提示:去拍一个孕妇照吧

现在距离分娩的时间已经不多了,准妈妈现在就要去照一个大肚照吧!这可是难得而短暂的时光,去不去专业的影楼没有关系,即将分娩的样子一定要留下作为纪念啊!

孕39周
胎宝宝已经没有胎毛了

胎宝宝的发育细节

现在胎宝宝所有器官已发育成熟，还在继续长肉。胎宝宝现在体重大约有3.3千克，身上储备了很多脂肪，将会有助于他出生后的体温调节。胎宝宝身上原来覆盖着的一层细细的绒毛和大部分白色的胎脂逐渐脱落、消失，皮肤变得光滑。这些物质及其他分泌物也被胎宝宝随着羊水一起吞进肚子里，贮存在他的肠道中，变成黑色的胎便，在他出生后的一两天内开始被排出体外。

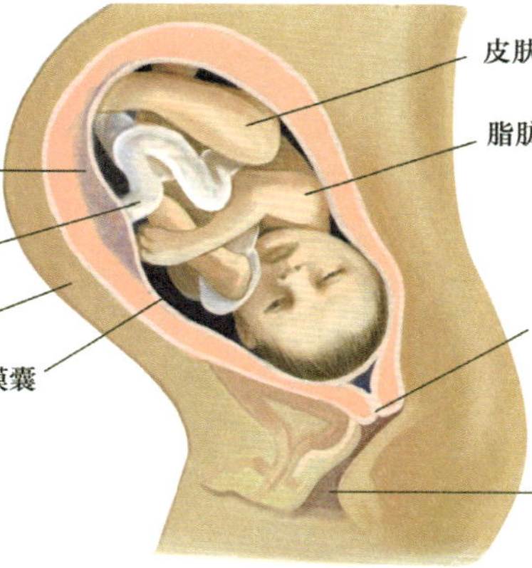

准妈妈的身体变化

孕39周时，宝宝可能马上就会出生。这时准妈妈的体重已经达到高峰。子宫挤压着胸肋部，会让准妈妈感觉不太舒服，但兴奋和紧张的情绪会冲淡这种感觉的。这个时期因为血液循环量增大，准妈妈的脸色会潮红。准妈妈会感觉下腹部有沉重感，而且做什么事都很吃力。随着预产期的临近，准妈妈会感到心情紧张，睡眠质量也不如以前好。

本周胎教要点

孕39周时，准妈妈的精神处于高度紧张状态，这当然也会影响到胎儿。这时，不妨听些音乐，最好是优雅、动听、抒情的音乐，准妈妈要用心领略音乐的语言，有意识地产生联想，联想大自然充满生机的美，联想美好的明天，联想一切美好的事物。准妈妈还可以通过讲故事、朗诵，使胎儿接受人类语言的信息，既可训练胎儿，又陶冶了准妈妈自身的情趣。

诗歌欣赏：再别康桥

徐志摩的《再别康桥》是一首优美的抒情诗。它的语言清新秀丽、节奏轻柔委婉、和谐自然，伴随着情感的起伏跳跃，轻轻地沁入你的心脾，滋润你的心田。

再别康桥

徐志摩

轻轻的我走了，
正如我轻轻的来；
我轻轻的招手，
作别西天的云彩。

那河畔的金柳，
是夕阳中的新娘；
波光里的艳影，
在我的心头荡漾。

软泥上的青荇，
油油的在水底招摇；
在康河的柔波里，
我甘心做一条水草。

那榆阴下的一潭，
不是清泉，是天上虹；
揉碎在浮藻间，
沉淀着彩虹似的梦。

寻梦？撑一支长篙，
向青草更青处漫溯；
满载一船星辉，
在星辉斑斓里放歌。

但我不能放歌，
悄悄是别离的笙箫；
夏虫也为我沉默，
沉默是今晚的康桥！

悄悄的我走了，
正如我悄悄的来；
我挥一挥衣袖，
不带走一片云彩。

音乐欣赏：蓝色多瑙河

孕39周时，随着孕产期的临近，多数准妈妈的情绪开始焦虑，这时，准妈妈可以多听一些舒缓的音乐来放松情绪。这周准妈妈就来听听这首《蓝色多瑙河》吧？准妈妈在欣赏这首作品时，可随着音乐的起伏展开联想，让自己融入优雅的音乐意境中。多听几次，可以放松自己紧张的精神，也能给胎宝宝进行音乐熏陶。

赏析

《蓝色多瑙河》是一首典型的圆舞曲风格的管弦乐作品，是施特劳斯最著名的圆舞曲。

这首乐曲音乐华丽、明快、活泼，通俗易懂，旋律优美动人，节奏富于动感，适合准妈妈在怀孕晚期听。乐曲描绘了清晨河面的薄雾散去，随后洒满了金光，随后而来的五个小圆舞曲分别带来了蓬勃的生机、柔和的姿态、欢乐淳朴的跳跃旋律欢乐满人间的气氛。听完这首曲子，准妈妈会感受到生活的美好、人生的美妙，内心充满对生活的热爱之情。

和宝宝一起猜谜语

有趣的谜语，准妈妈完全可以把它当作童谣来读给宝宝听，顺便动一动脑筋，何乐不为？

1. 有头无颈，有眼无眉，无脚能走，有翅难飞。

（打一动物）

2. 一个白胡老头，带了一袋黑豆，一面走，一面漏。

（打一动物）

3. 小货郎，不挑担，背着针，满地窜。（打一动物）

4. 腿长胳膊短，眉毛盖住眼，有人不吱声，无人大声喊。

（打一动物）

5. 一群小白鹅，纷纷跳下河。个个能浮水，全都上餐桌。

（打一食物）

6. 纸糊圆圆房，节日挂门旁。房内藏盏灯，夜晚红彤彤。

（打一节日用品）

7. 绿娃娃，街上站，光吃饼干不吃饭。（打一物）

8. 兄弟几个人，各进一道门，那个进错了，看了笑死人。

（打一物）

9. 身体细长，兄弟成双，光爱吃菜，不爱喝汤。

（打一日常用具）

10. 脸儿亮光光，站在桌子上，妹妹跑过去，他给照个像。

（打一用具）

（答案见下页。）

孕39周营养小贴士

为了储备分娩时消耗的能量，准妈妈在本周应该多吃富含蛋白质、糖类等能量较高的食品，还要注意食物口味清淡、易于消化。

此时准妈妈进餐的次数每日可增至5餐以上，以少食多餐为原则，应选择体积小、营养价值高的食物，如动物性食品等，少吃营养价值低而体积大的食物，如土豆、红薯等。

清凉美食：椰汁奶糊

材料：

椰汁1杯，鲜奶2杯，白糖200克，栗粉5汤匙，红枣3枚。

做法：

1. 把红枣去核，椰汁和栗粉成浆；
2. 把白糖、鲜奶、红枣一起煮开，慢慢地加入栗粉浆；
3. 不停地搅拌成糊状，一直搅开，然后盛入碗中即可食用。

孕39周重要提示：做好去医院分娩的准备

准备好准妈妈的生活洗漱用品、宝宝的必需用品、住院押金等，以便在任何时候能尽快赶到医院。尚未临产的准妈妈，无任何异常的情况下，如提前住院，易给自己带来心理恐慌，增加难产因素。

198页“和宝宝一起猜谜语”谜底：

1. 鱼 2. 羊 3. 刺猬 4. 蝈蝈
5. 饺子 6. 灯笼 7. 邮箱 8. 扣子
9. 筷子 10. 镜子

孕 40 周
小天使即将降临人间

胎宝宝的发育细节

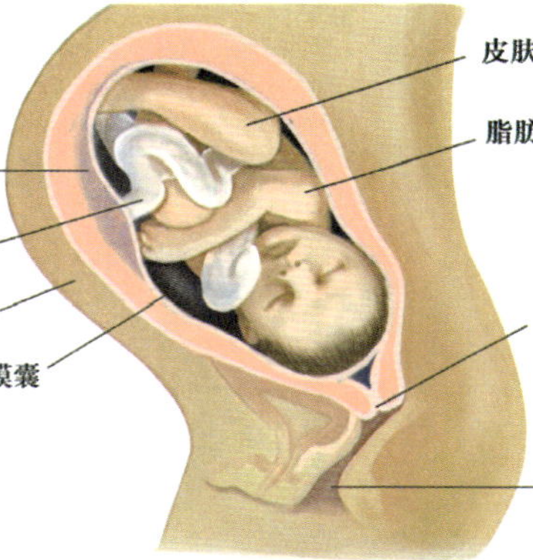

到孕 40 周时，胎宝宝的内脏和神经系统功能已经健全，手脚肌肉发达，富有活力，脑细胞的发育基本定型。胎宝宝的感觉器官和神经系统可对母体内外的各种刺激做出反应，能敏锐地感知母亲的思考，并感知母亲的心情、情绪以及对自己的态度。现在的胎宝宝已经可以完全适应子宫外的生活了。当胎盘从子宫脱离、宝宝呼吸到第一口空气时，脐带也要功成身退了，呼吸开始使血液向肺里运转。

准妈妈的身体变化

本周随着胎宝宝在母腹中位置的不断下降，准妈妈的下腹坠胀感会越来越严重，不规则宫缩频率增加。准妈妈随时都可能迎来宝宝的出生。也许在本周的某一天，准妈妈就会感觉到腹部像针扎似的痛，如果这种疼痛变得越来越长、越来越剧烈、越来越集中，你的产程多半就已经开始了。一旦阵痛间隔时间小于 30 分钟，准妈妈就要到医院做好待产准备了。

本周胎教要点

如果不出意外，本周将是十月怀胎的最后一周，分娩即将来临。有道是“生产痛是人间至痛”，每个女人对分娩都有着一定程度的恐惧。其实，分娩是每个妈妈必经的过程，准妈妈不要恐惧、紧张，一定要保持淡定和平稳的心态。在孕期的最后一周，准妈妈可以学习一些能够缓解紧张情绪的方法，比如听听音乐、欣赏一些轻松的图片、看一些轻松的电影、做一下有利于放松心情的按摩等。

音乐胎教：月光下的凤尾竹

准妈妈今天来欣赏这首美丽的音乐《月光下的凤尾竹》吧！相信准妈妈听到这首乐曲，一定会忘掉一切烦恼，心绪变得宁静、空灵。

赏析

《月光下的凤尾竹》是傣族名曲，以葫芦丝演奏的版本最为常见。悠扬的曲调娓娓动听，是特具民族情调的歌曲，能给人以心旷神怡的感觉，让人不由联想起那郁郁葱葱的凤尾竹林，别具一格的傣家楼阁撒落在竹林间，有如天上的星子，依山傍水，在融融的月光下，竹林中隐隐飘出的阵阵葫芦丝，幽攸抑扬，轻清淡雅。

低沉、悠扬、委婉的葫芦丝声，是那样的醉人：皎洁的月夜，瑞丽江静静地流淌，江水在银色的月光下波光粼粼，月光如水，静静地泻在一片片凤尾竹上，参差斑驳的竹影在风中摇曳。微风轻拂凤尾竹，远看像一层绿色的雾在舞动，竹楼里美丽的阿妹正深情的凝望窗外，竹楼外痴情的阿哥吹奏的葫芦丝声，在静谧的夜晚愈加缠绵，正倾诉着彼此心中的爱恋。

准爸爸讲寓言故事

我国传统文化中流传至今的寓言故事，把深刻的寓意隐藏在小故事之中，简单易懂，又意味深长。准爸爸和胎宝宝一起分享这个寓言故事吧，告诉他：人如果长期把自己束缚在一个狭小的天地里，就会变得目光短浅，自满自足。

井底之蛙

一只青蛙坐在井里，一只小鸟飞来，落在井沿上。

青蛙问小鸟："你从哪儿飞来呀？"

小鸟回答说："我从远处飞来。我在天空中飞了一百多里，口渴了，下来找点水喝。"

青蛙说："朋友，别说大话了！天不过井口那么大，还用飞那么远吗？"

小鸟说："你弄错了，天无边无际，大得很哪！"

青蛙笑了，说："朋友，我天天坐在井里，一抬头就看见天。我不会弄错的。"

小鸟也笑了，说："朋友，你是弄错了。不相信，你跳出井口来看一看吧。"

名画欣赏：春天

这是分娩前的最后一周了，准妈妈要放松心情啊！现在来欣赏一下苏联画家的《春》吧！将要出生的小宝宝是不是也预示着春天的来临呢？

伊萨克·伊里奇·列维坦是19世纪后期现实主义风景画派中最杰出的画家，他是“情绪风景画”的创始人。这种风景画具有诗意浓郁、情趣盎然及高雅悲壮的特点，并具有社会批判的色彩。他所绘的外光画表现了大自然的细微景观，色调变化细腻，情感表达丰富。

在大自然面前，列维坦如此敏锐，而在列维坦的眼里，大自然又是如此生动；似乎每一个普通的角落都充满了诗情画意。他的许多优秀的作品似乎都取材于十分平常的景色，但画家就像点石成金的术士，一下子把它变成了美丽的画面。列维坦的画从来不复杂，甚至很简单，很粗放，有时似乎是漫不经心的寥寥数笔，乍看上去，色块显得有点板滞。然而，大师也许不需要那种浅表的协调感，他是用灵魂去感受大自然之美丽的。

情绪胎教：准妈妈要学会放松

随着分娩日子的临近，很多准妈妈可能都在惴惴不安地等待着那一时刻的到来。其实，现在准妈妈需要做的就是轻松些，再轻松些，尽可能多休息，再尽情地享受最后几天甜蜜的二人世界。如果到了预产期，宝宝还没有要出生的迹象，也不必担心，因为宝宝比预产期提前或推迟两周出生都是正常的。

如果准妈妈对分娩的那一刻总是心存恐惧，不妨提前看书，了解足够多的有关生育方面的知识，解除自己的担忧，使自己放松下来。

下面介绍几种简便易行的自我放松法：

1. 听一些轻松的音乐小睡一会儿，或者在音乐中做一些调整呼吸的动作。

放些轻柔舒缓的音乐，然后拿两把椅子，铺上软垫，脚放在垫子上，背后再放一个又厚又软的靠垫，保持一个舒服和放松的坐姿。闭上嘴，用鼻子缓缓地深吸气，再用嘴将肺里的空气慢慢地完全吐出来。闭上眼睛，让身体在呼气与吐气之中彻底放松。

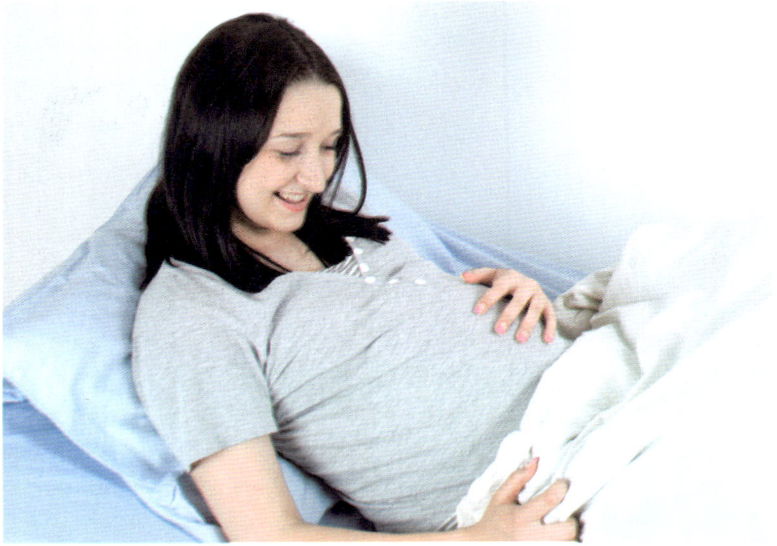

2. 给最好的朋友打个电话，向他诉说一下你的压力与紧张情绪。

3. 读一本好玩的小说或漫画书，或者看一些能够放松心情的旅行照片。

4. 和准爸爸一起做一顿大餐，或者和准爸爸一起整理一下买来的宝宝服，以及其他一些可爱的宝宝用品。

5. 和准爸爸讨论一下宝宝出生以后的事情，比如宝宝的长相、脾气像谁，宝宝出生后的家务分工，宝宝的教育问题，等等。

6. 让家人给你做个按摩，帮助你放松下来，缓解你的焦虑和紧张情绪。

孕40周营养小贴士

这周，准妈妈顺时可能会分娩，为了储备分娩时消耗的能量，这个阶段应该多吃富含蛋白质、糖类的能量较高的食物。还可以准备一些容易消化吸收、少渣、可口味鲜的食物，如面条鸡蛋汤、面条排骨汤、牛奶、酸奶、巧克力等食物，同时注意补充水分，让自己吃饱吃好，为分娩准备足够的能量。

如果准妈妈准备给宝宝哺乳，每天要保证80～100克的蛋白质摄入量。产前可以常喝莲藕、红枣、章鱼干、绿豆、猪手一起煲的汤。莲藕性平，健脾开胃，益血生肌；红枣性温，补脾合胃，益气生津，可以促进准妈妈的乳汁分泌。

养血催乳美食：红枣莲藕猪蹄汤

材料：

猪蹄400克，老藕400克，莲子20颗，红枣12个。

做法：

1. 莲子、陈皮洗净控干，红枣洗净去核；藕洗净，切1厘米厚的片；
2. 猪蹄洗净，切块；
3. 砂锅内加清水，旺火烧开，放进藕片、猪蹄、红枣、莲子、陈皮、姜片，烧开后撇去浮沫，改用中小火继续煨至猪蹄熟烂，加精盐调味即成。

孕40周重要提示：产前最后一次检查

在未生产前，仍应让医生进行胎心监护、B超检查，了解羊水以及胎宝宝在子宫内的状况。如果孕程超过41周还未有分娩迹象，准妈妈应该住院催产了，因为逾期过久，胎宝宝在宫内将面临缺氧危险。